A 101

55歳から「お金の不安」がなくなる生活術

臼井 由妃
Usui Yuki

アルソス新書

はじめに

――「お金の性格を知る・賢く使う・働き方を知る」で、お金の不安は解消する！

この本は、**「人生後半を爽快に生きる」――お金の不安を抱かず、日々の暮らしを満喫するために、お金とどう向き合い、何にどう使えばいいのかを、明確にお伝えする**ものです。

タイトルに「55歳から」とありますが、30代、40代の方には、人生後半をどう生きるのかの「心構えや備え」として、55歳以降の方は「やり残していることがあるのではないか？」「もっとやりたいことがあるのではないか？」など、確認や検証、新たな手引きとして、すぐに実践できる術（すべ）を網羅しました。

日本人は「世界一不安を感じやすい国民」とも言われ、多くの人が将来への不安を感じています。

なかでも、お金の不安は尽きないものです。

BIGLOBE社が20代から60代の男女1000人に「お金に不安を感じることがありますか?」と質問したところ、「ある」と回答した方が50・5%、「たまにある」が36・1%と、なんと**約9割もの方がお金に不安を感じている**ことがわかりました（BIGLOBE社「お金に関する意識調査」2019年）。

「老後2000万円問題」が注目される前から、なんとなく感じてはいたけれど、50歳を迎える頃になると、年金定期便の案内や定年退職をした先輩の暮らしぶり、社会情勢などから、「老後は年金だけでは暮らしていけない」ということが、現実味を帯びてきます。**定年まで10年ほどの55歳では、「将来のお金」に不安や焦りを抱えている人がぐっと増えてくる**のです。

この時期に人生後半の「お金戦略」を明確にしなければいけないのは誰しもわかってはいるのですが、何からどう手をつけたらいいのか具体策が浮かばず、そのままにしているという方も多いかもしれません。

老後不安を助長するような情報がネットやSNSには溢れていますから、お金や老化、健康……と不安材料は増すばかりでしょう。

老後のお金の準備は、55歳からでも間に合います。

40代は、子どもの教育資金や住宅ローンの返済等でお金が貯まりにくい時期ですが、50代は一般的にそれらが減少し、交際費や外食費なども減る傾向にありますから、預貯金を増やす絶好機です。

それに、65歳、70歳……と自分のペースで働き続ける選択肢もあります。

「55歳からではもう遅い」

「若いときからお金と賢くつきあっていないとダメ」

と考える方もいらっしゃるかもしれませんが、それは漠然とした不安に過ぎないと思います。

55歳で預貯金ゼロから1億円を貯めようというのは、さすがに無理がありますが、「お金の不安を解消する」「老後を安心して生活する」ために必要な金額を今から確保するのは、決して難しいことではありません。

そのカギになるのが、**「お金の性格を知る・賢く使う・働き方を知る」**です。

私自身、50歳を迎える頃に「お金の不安」に苛まれました。

夫と死別して、子どももいない。近親者はおらず、要介護5の母を抱え、家計は私にかかっている。著述家、講演家の仕事に定年はないけれど、いつ仕事がなくなるかわからない。心身共に健康だと自負していますが、その状態が永遠に続くとは限らない。認知症になったら……あれこれ考えるうちに「漠然としたお金の不安が大問題」に膨れ上がってしまいました。

それなりの蓄えはありますが、これで十分なのだろうか？

お金の不安に押しつぶされ、眠れない夜もありました。

そしてある日、気づいたのです。

「55歳は人生の折り返し地点」。

ここでしっかり、今までの人生の棚卸しをして、これから不要になる物は捨て、必要なことは始める。**これからの「明確なお金戦略」を立てなければ、人生後半の質は高まらない。**悔いを残す人生になってしまうと確信したのです。

本書では、「お金の性格を知る・賢く使う・働き方を知る」を基に、私自身が実践してきた「賢いお金の使い方」や「健康という資産を構築する法」「お金を活かす人づきあい」、さらに定年後もイキイキと働く、やりたいことを思う存分やっている周囲の方の実例などもお伝えしています。

実践していただければ、心身とも軽快に、楽しく人生を謳歌できます。

2024年1月吉日

臼井由妃（うすいゆき）

55歳から「お金の不安」がなくなる生活術　◎目次

はじめに 3
――「お金の性格を知る・賢く使う・働き方を知る」で、お金の不安は解消する！

プロローグ　あなたの「お金の不安」はなんですか？ 16
「老後2000万円問題」の真実 16
お金の不安は「見える化」で解決する 18
まずは「やめること」をリスト化する 23
人生後半は「自分が主役」の意識を持つ 26

第1章　まずは、お金の性格を理解する 28
お金に好かれるのは「お金を大切に扱う人」 28
お金持ちは「姿勢」がいい 30

50代は、「お金の見直し」をするラストチャンス　34
「お金の貯め時」は、誰でも人生に3回はある　36
「リビング」を快適にすればお金が増える　40
「お得だから買う人」はお金に嫌われる　43
「定番を好む人」にお金は集まる　45
元日に「お金会議」をすれば黄金色の1年になる　48
「お財布ルーティン」で浪費がなくなる　52
出費には「3つの顔」がある　55
コラム❶　ある日突然、解雇されたら　58

第2章　暮らしを豊かにする「賢いお金の使い方」　62

「食費」を節約すると家庭不和にもなる　62
「収納庫」は無用の長物　64

「とことん使い切る」発想が、豊かな暮らしの基礎 67
自分にとって「本当に必要な物」たちと暮らす 70
「あって当然」を疑ってみる 73
頭の体操にもなる「リユース」のススメ 75
「ご褒美費」が浪費を防ぐ 79
「目標」を見直して、賢くお金を使う 83
50代は、最高の利回り「自己投資」に磨きをかけるとき 86
「年金はないもの」として生きる 88
今の家を「ダウンサイジング」する 92
「持ち家」があればなんとかなる 95
「ポイ活」で地道にお金を貯める 97
「勉強」は、未来の自分への先行投資 102
コラム❷ 小銭を整理すると、お金の管理が上手になる! 106

第3章　健康は資産、病は負債。お金をかけない健康法　110

薬よりも「発酵食品」　110
「早寝早起き」には、健康・美容・節電効果もある　113
「睡眠スケジュール」を決める　116
「一日3食」にこだわらない　119
健康食品や健康法の罠にハマらない　122
たまの運動より、毎日の「ラジオ体操」　125
「イケオジ俳優」「年齢不詳女優」をイメージして生きる　128
白髪や薄毛、しわやシミも「履歴書」　131
コラム❸　健康診断は年2回、歯科検診は年4回が「人生100年時代」のセオリー　134

第4章　お金を活かす人づきあい　138

「義理や人情」にお金は使わない　138
「本当の友だち」は3人いれば十分　141
「お世話になっている方」への贈答品は賢く選ぶ　146
何でもない日に「プチプレゼント」をする　149
「お金持ちネットワーク」に参加する　151
応援するつもりで「投資」をする　154

コラム❹　困惑する贈り物　158

第5章　「趣味や特技」をお金に変える方法　162

「副業」で月5万円を成功させるセオリー　162

「オタク」はお金になる！ 165
自分の「特技やスキル」で稼ぐ 168
「お家ビジネス」で、月5万円稼ぐ 171
若い人と張り合わない「道楽ビジネス」で稼ぐ 174
「不安・孤独解消ビジネス」は、ますます求められる仕事 176
感謝の念で使うお金は「生き金」 179
コラム❺ お金を介さない「物々交換」という働き方 184
おわりに 188

プロローグ　あなたの「お金の不安」はなんですか？

「老後2000万円問題」の真実

「老後2000万円問題」は、2019年6月に発表された「金融審議会 市場ワーキング・グループ報告書」をきっかけに言われるようになりました。

これは、**公的年金だけで老後、標準的な生活（生活費26万3718円）を送ろうとすると、毎月約5・5万円が不足して、65歳以降30年間生きるためには約2000万円の資金が必要**という内容です。

この発表によって、「公的年金だけでは生活できない」という不安が、またたく間に広がり、SNSなどを介して情報が拡散。いつしか「老後2000万円問題」と言われるようになっていきました。

ただしこのケースは、総務省が想定した夫65歳以上、妻60歳以上の夫婦のみの「高齢夫婦無職世帯」をモデルに算出されていますから、**老後すべての世帯が２０００万円以上必要ということではありません。**

また「老後２０００万円問題」は、65歳以降に30年間生きるという前提での金額ですが、厚生労働省が発表している令和３年度簡易生命表によると、男性の平均寿命は81・47歳、女性は87・57歳。

平均寿命から推察するならば、65歳以降30年分の老後資金を用意する必要はないのかもしれません。

一方で平均寿命は着実に伸び続けている現状もありますよね。

令和４年９月時点で１００歳以上の高齢者は約９万人。そのことからも、現在の平均寿命より長く生きる可能性についても考慮しておくべきでしょう。

たとえば、**定年退職後も働けば、公的年金の不足額を補うことができるため、老後に向けて用意すべき金額は減らせる可能性があります。**ただし高齢になれば病気のリスクも増えますから、いつまでも働けるという保証はありません。

ですから、**老後は好きなことでお金を稼ぐ。**

ゆとりある働き方で楽しく収入を得る方法を、早い段階で確保しておく必要があるでしょう。

お金の不安は「見える化」で解決する

お金の不安の見える化は、次のステップでやってみましょう。

❶お金にまつわる不安を書き出して検討する
❷不安を解消するための対策を考える
❸家計の棚卸しをする
❹収入を増やす方法を考える

お金の不安といっても、原因はそれぞれの家庭、人によって異なります。

そこで原因を把握するために、**お金にまつわる不安を具体的に書き出してみましょう。**

書き方にルールはありません。思いつくまま紙に書いていきます。

たとえば、

- 毎月収支がギリギリで預貯金ができない
- 定年までに住宅ローンを払い終わるかが心配
- 住宅ローンの「繰り上げ返済」をしたいと考えながら実践できないでいる
- 子どもの教育費が、今後どれくらいかかるか見当がつかない
- 転職したいが、収入が減る可能性があって踏み出せないでいる
- 離婚の危機。慰謝料はどうなるのか？
- 老親の面倒を見る立場だが、今の収入では無理がある
- 一人暮らし。大病して働けなくなったら？
- 生涯現役で働きたいが、需要はあるのか？
- 定年後の生活費が心配

というように、不安材料をすべて書き出します。

誰に見せるものでもありませんから、正直にお金の不安を吐き出すように記していきましょう。

次に、その中から**優先順位を決め、解消すべき不安を、順を追って検討**していきます。

毎月収支がギリギリで預貯金ができないのであれば、支出を減らして貯金できるかを考えます。

光熱費や家賃などの固定費を減らす工夫をする。外食するならばディナーではなく、リーズナブルなランチにする、回数を減らすなどで、貯蓄できる資金を捻出するのです。

定年後の生活費が心配ならば、実際にどれだけの生活費が必要になるかを計算して「自分のライフスタイルに合った数字」を明確にしましょう。

総務省発表の「家計調査報告（家計収支編）２０１７年」によると、夫が65歳以上、妻が60歳以上の夫婦の1カ月の生活費は約26万円で、公的年金などの収入は約20万円。65歳の男性が80歳まで存命の場合なら、夫婦で不足する生活費は約１０００万円。このように不安の原因を把握し、解消するためにできる対策を考えていきます。

お金の不安原因を把握したら、次は具体的な「対策」を考えましょう。

その際心得たいのは「いつまでに、いくら必要か」という視点です。

「期限と金額（数字）」を明確にしないことには、行動に移れませんよね。

仮に1000万円を貯めるならば、毎月の積立額は、10年なら約8万3333円、20年なら約4万1666円（金利は考慮していません）。

貯められる年数で、必要積立額は変わってきますから、いつまでに必要かを明確にしておくことが重要です。


次に行うのは「**家計の棚卸し**」です。

住居費や生命保険料などの固定費と水道光熱費や食費、交際費などの流動費に分け、現状の支出額を書き出します。

支出の内訳がわかったところで、無駄な出費がないかを確認。「**毎月いくらあれば生活できるのか**」を明らかにします。

支出の見直しがこれ以上難しい場合は、「**収入を増やす**」ことも考えましょう。

会社で**副業**が認められているならば始める。最近は時短で働けるアルバイトや在宅ワークも増えています。特別なスキルを持ち合わせていなくても、若年層の労働人口の減少が見込まれる今後は、中高年の労働者は売り手市場です。

「もう年齢だから働き口はない」

「いい年齢して、未経験の分野に飛び込むのは勇気がいる」

なんて怖気づいていたらもったいない。

これまで挑戦していないだけで、あなたには未知の才能が眠っているかもしれないのです。

仕事に繋がる資格を「学び直し」するのもいいですね。

比較的短期の学習で取得が可能な「宅建士」「行政書士」「社労士」などで、不動産取引や労務に関する「コンサルタント」として働く道もあります。

また、専門分野に特化したビジネススキルをお持ちの方ならば、**「個人事業主」**として定年のない人生を歩むこともできます。

お金の不安が解消されないと、体は健康であっても心は不安定のまま。

本当の意味で健康とは言えません。人生後半を楽しく生活することが難しくなってしまいます。

まずは「やめること」をリスト化する

現状の家計の棚卸しが終わったら、50歳を過ぎて「人生後半」もそれらの金額が必要であるかどうか？　必要だとしたら、若いときと変わらない金額を費やす構えでいいのか？を精査します。

高齢になっても30代、40代と変わらないように働き、収入を得る方も存在しますが、それは幸運な人。

これまでビジネスパーソンとして、仕事で成果を上げてきた方は、人生後半の仕事（収入）について、ポジティブに捉える傾向にありますが、「幸運な人」になる保証はないという現実を理解しましょう。

そのうえでやってほしいのが、**「やめることリスト」の作成**です。

仕事・人づきあい・プライベート・学び・家事……など、これからは「やめる」、あるいは「ダウンサイジング」（小型化）すべき事柄を書き出します。

私が50歳のときにつくった「やめることリスト」には、

- 仕事で繋がっている人とはプライベートで会わない（やめる）
- 車を手放す（やめる）
- お中元とお歳暮をやめる（やめる）
- 年賀状や暑中見舞いは出さない（やめる）
- 腕時計や宝飾品は購入しない（やめる）
- 冠婚葬祭には出席しない（やめる）
- ジム通いから、自宅でのトレーニングに変える（ダウンサイジング）
- 駅から近い徒歩圏内のコンパクトな物件に転居する（ダウンサイジング）
- 通信費の見直しを図る（ダウンサイジング）
- 外食は極力しない（ダウンサイジング）
- 必要性を感じて購入する専門誌も図書館の利用を考える（ダウンサイジング）

・死亡保険の見直しをする（ダウンサイジング）

というように書いてあります。

そうやって「やめること」と「ダウンサイジングすること」を明確にすると、これから必要なお金は月にいくらか、1年、3年、5年……心地よく暮らすにはどれだけのお金が必要なのか、年金受給時期に向けて準備するべきお金がはっきりしてきます。

55歳を超えている方も大丈夫です。今すぐ「やめること」と「ダウンサイジングすること」を、リスト化しましょう。

すると、**お金の無駄だけでなく、時間や労力の無駄遣いもはっきりします。**

「人生後半は節約しなさい」というのではありません。

必要なところにはお金を使う。無理なく働き稼ぐ。

人生後半は、「賢約」＝「人生を賢く生きる術」がカギになってくると言いたいのです。

お金の不安を「見える化」して、「やめること」と「ダウンサイジングすること」を決め、始めると、お金の不安はみるみる解消していきます。

お金の不安は、見えない敵と戦うような状況だから生じます。見える化すれば、戦い方もわかり、余計なストレスを受けることなく、軽快に日々を過ごせます。

本書で解説する「お金」とのつきあい方を実践すれば、心豊かに自分らしく人生を楽しむことができます。「お金の不安」と手を切ることで、50代以降がもっと充実したものになるのです。

人生後半は「自分が主役」の意識を持つ

人生の折り返し地点を過ぎる「50代」は、これからをどのように生きるのかを、具体的に考えるべき時期です。

「忙しすぎて、先のことを考える余裕がない」とか、「仕事が充実しているから今のままでいい」といった理由から、具体的な「50歳以降の生き方」が描けない人もいるでしょう。

しかし、「勤め人人生」には必ず終わりが訪れます。

会社の求めに応じてがむしゃらに働いてきた人ほど、リタイアした途端、何にも意欲が湧かない「終わった人」になってしまいかねません。

その先の人生は、会社や同僚と同調し、共通のゴールを目指す人生ではなく、「自分が主役」の人生です。

何をおいても「自分が心躍ること」に時間を使っていただきたいと思います。

そのためには、**「自分がやる必要のない仕事や、気の進まない人間関係を手放すこと」**が不可欠です。それらはいわば、人生に残された貴重な時間や労力の無駄遣いです。

積極的にやめることを意識しましょう。

第1章　まずは、お金の性格を理解する

お金に好かれるのは「お金を大切に扱う人」

不思議とお金に好かれる人と、嫌われる人がいます。

この違いは、どんなところに表れるのでしょうか？


私は勉強会や起業の相談などで、お金をやり取りする機会がありますが、**お金に好かれる人は、おつりのいらない金額を、綺麗な封筒に入れ、紙幣の向きを揃えて渡してくださいます。**


これは1人、2人ではなく、30年以上にわたる私の経験則。

あらゆる分野で成果を出し、成功へと駆け上っていく人に共通している所作です。

一方、「勉強したところで、どうせ私なんて……」「今さら起業しても成果が上がらないのではないか？」と、疑心暗鬼で勉強会に参加したり、相談に訪れる方はすべてではあり

ませんが、お札を無造作に出す傾向があります。

相談の日時や場所、相談料もお伝えしているのに、その場になったら、「持ち合わせがないので、近くの銀行で出金してきていいですか？」「あとで送金してもいいですか？」と言われたこともありました。

このときは、さすがに面食らいました。

これを「出し惜しみ」と受け取る方もいるでしょうが、私は**「お金を軽視」している人、お金は人生を共にする欠かせない相棒なのに「無関心」を決め込んでいる人、つまり「お金に嫌われる人」の典型**だと考えています。

お金に好かれる人のお財布は、レシートや小銭、スタンプカードなどで、膨らんでおらず、形が綺麗です。

レシートやポイントカードを受け取ると、あっという間にお財布はパンパンになりますよね。定期的に、お財布の中身をチェックしていれば、こういう事態にはなりません。

お金は、なんとなく使っていると、いつの間にかなくなってしまうもの。

使う目的を意識して、お金を丁寧に扱っていれば、お金に好かれるようになります。

お金は、大切に扱ってくれる人のところに、喜んでやってきます。

お金に好かれたいと願うならば、稼ぎ方や増やし方を考える前に、お金の扱い方や使い方を見直してみましょう。

●まずはお金の扱い方や使い方を見直す

お金持ちは「姿勢」がいい

あなたは、「お金持ち」にどんなイメージを抱いていますか。

高級スーツを身にまとい、堂々と胸を張っているイメージ。

自信に満ち溢れた表情で、溌剌(はつらつ)としている。

そんな「姿かたち」をイメージする方が多いのではないでしょうか。

お金持ちだから「姿勢」がいいのではなく、**「姿勢」を正してきたからこそ「お金持ち」への階段を上ることができた**、と私は捉えています。

今や業界の寵児（ちょうじ）としてメディアでも取り上げられるSさんと知り合ったのは18年前。彼は、30代の一ビジネスパーソンに過ぎませんでした。

業界の新春交歓会で顔を合わせたのですが、そのときの印象を今でも鮮明に覚えています。

上等のスーツを身につけているのではなく、特別イケメンでもなく、長身でスタイルがいいわけでもない。

ましてや一流企業でエリート街道を走っている方ではなかったのですが、**胸を張り、じつに堂々としていて姿勢がいい。**

根拠はありませんが、

「この方は大物になる」

「将来、誰もが知る存在になる」

と、彼の姿勢から私は感じました。

その後、何度かお会いする機会がありましたが、いつどんな場面でも姿勢がいいのです。

独立後、なかなか認められなかったときも、事業が軌道に乗り注目を集める存在になり、過去の触れられたくはない事柄や個人攻撃にも思える悪評を吹聴されたときも、決して肩を落として背中を丸める（落ち込む）素振りは見せなかった。

すると周囲は「頼もしい」と思うもの。炎上に近い出来事があっても、彼を信じる気持ちは揺るがなかったのです。

当時、彼は、

「打たれるたびに、ありがとう（悪いところを教えてくれて）と考えるのです」

そんな話もしていました。

彼の活躍の一端は、「姿勢の良さ」に由来すると私は信じて疑いません。


自信が溢れているときには、人は背筋が伸び胸を張ります。

姿勢を正すと気分も明るく、考え方も前向きになります。

いつも下を向き、背を丸めている姿勢がクセになっていても、変えることができます。

最初は常にいい姿勢を意識しなければいけませんが、続けるうちに、意識しなくてもいい姿勢をとることができるようになります。

Ｓ氏に限らず、役職定年を機に「勤め人人生」を卒業し、会社を興し、58歳でかつての3倍以上の収入を得ている人がいます。

55歳を機に「外車のデーラー」から独立、観光地で「車のレンタル業」に転身した知人も、以前の2倍ほどの収入を得ています。

揃って姿勢がよく、笑顔が魅力的です。

いい姿勢は、健康な心身をつくり、自信とやる気に繋がります。

相手に好印象を与え共感を得て、仕事の効率を上げます。

結果、お金に恵まれる人生を歩むことができるのです。

●姿勢の良さは、生きる姿勢を物語る

50代は、「お金の見直し」をするラストチャンス

ビジネスパーソンならば、定年延長で75歳ぐらいまで、収入が減っても同じ会社で働き続ける道が望ましい、安全策だと考えている方もいらっしゃるでしょう。

しかし、その願いが叶う方は稀です。

会社にとって扱いやすい、仕事のやり方や会社に異議を唱えない従順な人、つまり「会社にとって都合のいい人」でないと、能力があっても残れません。

ずっと「勤め人人生」が続くと考えていたら、60歳以降の再雇用もなく、当てが外れ、「老後破綻」の憂き目に遭うことだってあるのです。

60代、70代、80代……、しっかりと生き抜いていくには、50代の生き方が明暗を分けます。

50代のうちに老後のライフプランを考えることが重要です。

50代は、子どもの教育費や住宅ローンの返済にもある程度目途(めど)が立っているでしょう。

そうはいっても早期に会社を退き退職金をもらって充当しても、年金支給までの期間は、

生活費を工面する必要があります。

教育費が終了したら、住宅ローンを積極的に返済していくなどのマネープランを立てましょう。

50代は「人生の岐路」。

退職前にお金に関する見直しをする「ラストチャンス」とも言えます。

パートナーとは、60代以降の生活についてきちんと話し合う。独身の方は、これから迎える老後についてシミュレーションをするなど「お金の見直し」をしましょう。

このとき、自分たち（自分）に限って、認知症になることはない、病にかかることなどない、突然パートナーに先立たれることはない、というような**「楽観的未来像」を描くことは慎む**こと。

介護を受ける身になる。定年前に会社の経営が悪化して退職金がもらえない。老親の面倒を見ることになる……自分の中で「最悪なシナリオ」を描き、それをどうやって乗り越えるか。

冷静かつ客観的に自分の未来像を見据えながら「お金の見直し」をするのが望ましいです。

脅かすつもりはありませんが、こうした見直しがない状態で、60代以降を迎えるのは危険！　ある程度預貯金があっても、老後破産の可能性が高くなります。

●「お金の見直し」をシビアにする

「お金の貯め時」は、誰でも人生に3回はある

誰でも人生には、3回の「お金の貯め時」（比較的お金のかからない時期）があります。順番に紹介しましょう。

《第1の貯め時：就職後結婚するまでの独身時代》

就職したばかりは収入も少ないですが、交際費や外食費などの支出もまだ少ないはず。実家暮らしの方は、多少は家にお金を入れるとしても、残りをきちんと貯めておくと後が楽です。その特権を大いに活かして「貯めグセ」を身につけましょう。

《第2の貯め時：結婚から子どもが小学生頃まで》

結婚後支出が増えても、夫婦共働きならば、それほどお金の問題は生じないはず。子どもが生まれても、小学生の頃までは教育費の負担も比較的少ないため、「貯め時」と言えます。

ただし、子どもを有名私立へ入学させたい、インターナショナルスクールやアメリカンスクールで勉強させたいなどの事情があれば、それに対応した塾や入学金、寄付金、学費など、お金もかかりますから、「貯め時」は短くなります。

《第3の貯め時：子どもが大学を卒業後、ご自身が退職するまで》

教育費の負担がなくなり、その分を貯められるようになります。

そこから定年までの間が、「老後資金づくりのラストスパート」です。

そしてお金を貯めるには、その目的を明確にしましょう。

次に、目的に適したやり方でお金を貯めていきます。

お金は、大きく3つに分けられます。

日々出入りするお金

もしもの場合に備えるお金や、生活費を示します。

理想は、生活費の半年から1年分は確保すること。急な病気やケガで就労できなくなったり、リストラや転職などが生じても慌てずにすみます。

日々出入りするお金は、出し入れしやすい「普通預金口座」で管理するといいでしょう。

その場合「ネット銀行」も視野に入れましょう。

「定期預金」や「年金振込指定」など一定の条件が整えば、振り込み料が月に複数回無料になったりします。月末や25日など、繁忙期に銀行の長い列に並ぶ必要もありません。

3年から5年以内に使い道が決まっているお金

自宅のリフォーム資金や、留学を希望しているお子さんがいるならばその費用。年頃のお子さんへの結婚資金の援助などが該当します。

貯めるには「定期預金」や「個人向け国債」が適しています。

今は金利が限りなくゼロに等しい状況。「金融機関に預けていても何の得にもならない」とタンス預金をしている知人がいますが、手元に大金を置く勇気は私にはありません。それに探してみれば、期間限定で抽選によりギフトカードをプレゼントしてくれたり、地元の名産品がいただけたり。

条件付きで金利の上乗せキャンペーンを行っている金融機関もあります。そこは金融情報に敏感になって、自分のお金を活かしてほしいですね。

知り合いですが、３００万円の1年ものの定期預金をつくり、ギフトカード「５０００円」を当てた人がいます。金利を考えたら、とんでもない得をしたことになりますね。

10年以上使う予定のない将来を見据えたお金

使うまでに時間の猶予があるお金は、無理のない範囲で投資信託や株式、純金積み立て、積み立てＮＩＳＡなどを活用するのもいいでしょう。

私は投資に興味があるほうではありませんが、５年ほど前、「金が高騰する」「1グラム1万円を超える日が来る」と見込んで、「金相場」に詳しい知人のアドバイスを受け、使う予定のないお金を「純金購入」に充てました。

複数人、同時期に始めた人がいますが、価値にして2倍ほどになっています。今すぐ売るつもりはありませんが、金相場を勉強することで、社会情勢や経済の変化に敏感になりましたし、資産を大切に扱う気持ちがより高まりました。

貯め時を逃さず、貯める目的を明確にして、それに応じた策で貯めていきましょう。「ゼロ金利同然だから金融機関に預けても無駄」と、性急にジャッジするのではなく、自分の資産を増やす術を見つけていきましょう。

●「貯め時」を意識して「貯める目的」を明確にしよう

「リビング」を快適にすればお金が増える

リビングが散らかっていると、心が落ち着かず、家族団欒(だんらん)もままなりません。居心地が悪くなって外出が増え、出費がかさんでしまいます。

さらに、片づいていないリビングのせいで、家族のコミュニケーションが減り、お金も減るという悪循環は、よくあることです。

そうならないためには、

・リビングには使う物だけを置く
・物の定位置を決める
・定位置がない物や使わない物は処分する

この3点に気を配りましょう。

すると部屋が広く感じ、一気に居心地がよくなります。

リビングは家族の共有スペース。ですから趣味のプラモデルや読みかけの本や雑誌、脱いだままのジャケットなど**「個人の物」はリビングに置かない。**

そうルールを決めるのもいいですね。

私は55歳で熱海に移住したのを機に、家具や電化製品、食器に至るまで吟味した物だけ残し、趣味で使うグッズや洋服や靴、アクセサリーなどは、1年以内に使わなかった物は、すべて処分しました。

多くの時間を過ごすリビングは、住宅展示場の「モデルルーム」を目指しました。

リビングテーブルの上には物を置かない。クッションをリビングの床に置くのもやめました。主のようにリビングに置いていたぬいぐるみは、「今までつきあってくれてありがとう！」と言ってすべて処分しました。それだけでリビングが広々して爽快。

家で過ごす時間が心地よく感じられ、年中行事のように出かけていた海外旅行や食べ歩きツアー、バーゲンセールのはしごやデパ地下巡りなどに興味を持たなくなりました。


結果、**出費が抑えられ、貯蓄のスピードアップが図れました。**

また、執筆に行き詰まることや企画が浮かばず、イライラすることもまったくなくなりました。**リビングを快適にすることは、思考や行動のメンテナンスにも繋がる**のです。

おかげ様でヒット作に恵まれ、素晴らしい人と出会い、これから先が楽しくて仕方がありません。

●リビングを快適にすれば、思考や行動のメンテナンスにもなる

「お得だから買う人」はお金に嫌われる

誰しも「得をしたい」「損はしたくない」と思っています。

ですから、たとえ不要だとしても、「まとめ買いをするとお得」とか「今なら半額」というような「誘い文句」に飛びついてしまうのです。

たとえば、「１本３００円の牛乳が２本購入ならば４００円」と店頭に表示されていたとしましょう。

ファミリーならば「やった！　チャンス」と、２本購入して消費期限以内に飲み切ることができるでしょうが、一人暮らしで２本の牛乳を期限以内に消費するのは無理があります。結果、持て余し、捨てるはめになることもあります。

また「定価10万円のバッグ」には興味が湧かないけれど、「定価20万円のバッグが今だけ10万円」とあったら、半額につられ思わず買ってしまう人もいるでしょう。

「20万円」という情報が、「10万円は安い」と思わせてしまう。判断力を鈍らせてしまうのです。

店舗やネットショップでも大幅還元セール、決算セール、創業記念セールというように、私たちのまわりには魅力的な「お得情報」が溢れています。

「お得だから」と不要な物を購入することを繰り返していたら、お金は貯まりません。どれだけ稼いでいても追いつきません。

お得の罠から逃れるには、買い物に「予算」を決める。
買う前に、「本当に価格に見合った価値があるのか？」をチェックする。
物を購入する際には、「ライフスタイルに見合っているか？」を冷静に考える。
購入した場合、「人生の在庫時間」（死ぬまでに残された時間）から割り出して、「元が取れるか？」を考慮する。

などの工夫が必要です。

またＳＮＳで話題だから、巷で流行しているからという理由で、不要な買い物をしていませんか。

費用対効果を考えることが苦手で、まとめ買いをした食材をダメにしてしまったり、自己投資と考えて購入した書籍を読まなかったりしていないでしょうか。

お金を貯めるには、メリハリのついた支出がカギです。

自分なりの価値基準を持ち、普段から価値のある物だけにお金を使う。

無駄遣いを防ぐ仕組みを自分でつくっておくことが大切です。

●無駄遣いを防ぐ仕組みをつくっておく

「定番を好む人」にお金は集まる

私が知る限り、お金持ちは流行を追い、ブランド品を買い漁るなんてマネはしません。

お金持ちだからといって、見栄を張ったり、見せびらかしたりするような人は、本当のお金持ちには見当たらないのです。

トレンドや流行を追うのではなく、服装においては機能性や自分らしさに重きを置いています。

本物のお金持ちは「定番ファッション」を着こなしているのです。ジーンズにポロシャツ、Tシャツとスニーカー、ごくシンプルなスーツやワンピースといった感じです。女性の場合、おしゃれとしてアクセサリーを身につけていることがありますが、男性の場合は、時計以外のアクセサリーなどまったくつけていないことがほとんどです。

周囲を見渡せば、ファストファッションを取り入れている経営者も少なくありません。本物のお金持ちは、シンプルイズベスト。

気に入ったTシャツとパンツを見つけたら、上下同じ物を何着も買い揃えておく。着心地のよいTシャツは、色違いで揃えるという話も聞きます。

服装を定番にする理由は、**服選びの時間をなくし、そのエネルギーを他の重要な決断や行動に活かすため**です。

皆さんもよく知る定番を着ている著名人と言えば、米アップル創業者のスティーブ・ジョブズ氏やメタ（旧フェイスブック）のＣＥＯのマーク・ザッカーバーグ氏がすぐに思い浮かぶのではないでしょうか。

彼らは実際に「桁違いのお金持ち」ですから、説得力がありますよね。

もちろん、ファッションは個人の自由ですが、定番をイメージ戦略の一つとして捉え、清潔感を演出する。**何よりも「自分」という存在で勝負。**

見た目で判断しないで、本質的な価値をきちんと見極められる仲間とつきあう。

そういう定番を好む人には定番で勝負する人が集い、本質的な価値を見極められる人間関係が後押しして、お金も集まるのではないでしょうか。

「できる人に見られたい」「余裕がある人に見られたい」というような不安から生じる虚栄心で、自分に合わない服装をするほどに、お金は逃げていきます。

経験則ですが、確かです。

●何よりも「自分」という存在で勝負する

元日に「お金会議」をすれば黄金色の1年になる

「1年の計は元旦にあり」ということわざは、誰もが知るところでしょう。

これは、その年にすべきことは、元旦に計画を立てる。

「何事もはじめに計画を立てるのが肝心である」ということを意味します。

このことわざにあやかって、1年の目標や計画は、元旦もしくは元日中に立てることをお勧めします。

新年を迎えて誰もが「今年こそは○○する！」「今年は絶対に□□を成し遂げる」とやる気に満ち溢れているはずですから、その気持ちを活かして、その1年にやるべきことや、成し遂げたいことについてしっかり計画を立てる。

そうすることで、その年は有意義な1年になります。

お金についても同様です。元日にその年の貯蓄目標や使い道を考える。お勧めしたいのは、**過ぎた1年の見直しをまず行う**ことです。

家計の現状に沿う形で、よりしっかりとしたマネープランを立てることができるからです。

私は一人暮らしですが、それでも毎年元日には「お金会議」と称して、お金の使い方の変化をチェックするだけでなく、家計全体の動きも振り返っています。

預貯金の前年比増減を確認する

まずは年末の預貯金の合計金額を確認し、一昨年末と比べます。増えた場合は、預貯金は予定どおりに増やすことができたということ。減ってしまった場合は、その理由を考えます。

箇条書きでいいですから、気づいたことを書き出すのが重要。より実態をつかみやすくなります。

支出の内訳を検証する

食費や日用品の購入費はもちろん、水道料金や光熱費、通信費、家賃・家のローン、教育費、交際費、レジャー費など、この1年間の支出は適正だったのかを検証します。前年と比較したり、収入に占める割合が適正だったか、お金の使い方のクセをチェックします。すると「使いすぎた」と思う費目がわかります。

しかし、家計簿等をつけていない方は、これらを正確には把握できませんよね。でも大丈夫。自分が毎月何にどのくらい使っているのかをメモ。レシートやカードの支払明細等を残すなどしていれば、ざっくりとでも把握できます。

長期スパンの支出予定を考える

5年先、10年先、定年退職後も含めて、いつまでに貯蓄がいくら必要かということも把握しておきましょう。

「来年こそは……」と、年末から新たな取り組み目標などを考える方もいらっしゃるでしょう。その際は自分や家族の状況、やりたいことなどを考え、支出予定を立ててみてください。これは大切かつ楽しい時間です。

1年でいくら貯蓄するかを決める

長期スパンで必要となるお金を把握できたら、それまでに毎年いくら貯蓄をしなければならないかがわかってきます。そこから逆算、1カ月にいくら貯蓄するかを計算します。月々の収入から、まずは貯蓄額を確保。貯蓄した残りを生活費として考え、その中で費目ごとに予算を立てます。

昨年の反省を踏まえて、予算を考えるようにしましょう。

そうすれば無理と無駄がなく、自分の収入に合った好ましいお金の使い方ができるようになります。

忙しい方も比較的、時間が取りやすくなるのが年末年始でしょう。気持ちよく新年を迎え、ご自分のお金の使い方についてしっかり向き合う「元日のお金会議」は、ポジティブに1年を過ごす要になります。

完璧でなくても、賢いお金の使い方やお金に対する尊敬の念、預貯金をするうえでのヒントなどが見つかるはずです。

●「元日のお金会議」が実りある人生の要

「お財布ルーティン」で浪費がなくなる

家計管理の一つとして、私は週に一度の「お財布ルーティン」(お財布の中身を整理すること)を習慣にしています。

この習慣が身についてから、「お金とキチンと向き合おう」という意識が高まり、無駄な出費が激減しました。

「お財布ルーティン」のやり方

❶お札や小銭、レシート、クレジットカード類は、すべてトレーなどに出す
❷レシートは、家計簿や収支表等に入力(記入)したら破棄する
❸3カ月以上使っていないクレジットカードは解約を考慮する
❹お財布の中を布で隅々まで丁寧に拭く(角は埃がたまりやすい場所ですから特に注意しましょう)
❺お札は向きを揃える(このときしわを伸ばすことも欠かしません。しわや傷が目立

つ紙幣は、銀行で交換することもしています）

❻小銭は「お財布ルーティン」のタイミングで、コイントレーにすべて移動させる（このとき汚れている小銭は綺麗に洗い、布で拭き上げています）

❼必要な金額・物を所定の位置に戻す

私なりの「お財布ルーティン」を、これまで１００名近くの方に勧めてきました。

「何だかスピリチュアルめいていて、信じがたい」と言う人もいれば、「小銭を洗うなんて、銭洗弁財天様にお参りに行くみたいで楽しい」と言う人もいました。

総じておっしゃるのは、半信半疑で始めた「**お財布ルーティン」を続けるうちに、お金へのリスペクトが高まった**ということです。

お金は「人と同じ、大切にすれば応えてくれる」のです。

お財布は「お金の休憩所」です。

気持ちよく過ごしてもらうために、自分がお金になったつもりで、「お財布ルーティン」を行いましょう。

中身を全部出す↓要・不要に分ける↓必要な物を取り出しやすく収めるの順です。

定期的に「お財布ルーティン」を行うことで、スマートなお財布を維持できるようになり、中身が把握しやすくなって、無駄な出費を抑えてくれます。

貯まる仕組みを味方につけるには、「お金を大切にする習慣」から始めるのがお勧めです。私は、週に一度の「お財布ルーティン」を習慣にすることで、「預貯金が増えた」「コンビニでのついで買いがなくなった」などを実感しています。

実践する方の多くが、不要なサービス券やポイントカード、レシートの類、必要以上の現金や小銭で膨れたお財布とは縁が切れ、お財布も暮らしもスマートになったとおっしゃっています。

●お財布は「お金の休憩所」

出費には「3つの顔」がある

お金に振り回されるのではなく、適切にお金をコントロールする手始めとして、自分自身のお金の使い方を振り返ってみましょう。

出費には「消費・浪費・投資」の「３つの顔」があります。

「消費」は、生活するために必要不可欠な出費であり、家賃や水道光熱費、通信費、被服費、娯楽費など、ほとんどの項目は消費に該当します。

お金を使うことで、それに見合った価値が得られている状態が「消費」といってもいいでしょう。

では「**浪費**」は、どうでしょうか。

衝動買いや過度なギャンブルや飲酒、気乗りしない会への参加など、**お金を使っていながら、それに見合った価値を得られていない状態が「浪費」**だと私は捉えています。

使ったつもりはないのに、お金が貯まらないという人は、「浪費」をただの無駄遣いと捉えているのではないでしょうか。

そして、**使ったお金以上のリターンが得られるお金の使い方を、私は「投資」**と解釈しています。

投資信託の購入や外貨預金の預け入れのほか、ほぼゼロ金利だとしても金融機関に預けておけば安心です。

一般的に「投資」と言われるものだけでなく、「低利の預貯金」「ふるさと納税」「スキルアップのための自己投資」なども投資に含まれます。

投じたお金以上の価値を将来的に得られる可能性があるからです。

ここで考えてほしいのが「**出費の振り分け**」です。

55歳を迎える頃から私は、「**消費3・浪費3・投資4**」の割合で賢く使うと決めました。

暮らしの幹をつくる「消費3」は理解できるし、快活に老後を過ごすためには守りの資産構築「投資4」もわかる、とこれまで多くの方に言われましたが、「浪費3」は、お金の使い方が甘いのではないかというご意見もいただきます。

知人に、「消費1・浪費1・投資8」という割合が好ましいと言って実践された方がいます。

極力生活に必要な物だけ（安い物）にお金を使い、その分を投資に充てれば、手持ち資金が増えるという発想だと思うのですが、残念ながらことごとく挫折しています。なぜだと思いますか。

私は**「浪費は労費」という面もある**と思っています。

必要な物だけ、安い物ばかりに意識が向かい、**「自分を労うお金＝労費」**を確保していないと節約疲れを起こし、「衝動買い」や「爆買い」というようなリバウンドを起こすのです。

際限のない「浪費」は論外ですが、「健康や趣味、美容、運動」など「自分を労うお金＝労費」のために使うことも忘れないようにしましょう。

「消費３・浪費３・投資４」は、この10年で落ち着いた私の割合ですが、これにとらわれず、「健康でイキイキと仕事も人生も謳歌するには、出金の割合をどうしたらいいか？」という視点も求められます。

●「浪費」は「労費（自分を労うお金）」という面もある

コラム❶ ある日突然、解雇されたら

景気が悪化している現在、「この先の暮らしはどうなっていくのか」――漠然とした不安を抱えている方は多いはずです。

正社員なら、ある日突然解雇されても、それなりに救済制度が整っていますが、パートや派遣、契約社員として勤めている方には厳しい現実。「派遣切り」のような問題だってありえます。

パートや派遣、契約社員は、「会社はいつでも解雇して構わない」という理屈は通りません。「経営が厳しいから、今日で辞めてほしい」というような会社の言い分は、通用しないのです。

解雇するには、それだけの合理的な理由が必要です。

解雇する場合には、少なくとも1カ月前に、その旨を伝えておかなければならないとい

う法律の規定があります。

それが無理な場合には、労働者に「解雇予告手当」を支給しなければなりません。

解雇予告手当とは、やむを得ない理由により、労働者を解雇する際に、30日以上前からその旨を伝えていなかった場合に生じる、労働者に支払うべき給料のことです。

これは法律で決められていることですし、労働者が持つ権利。

突然の解雇通知を突き付けられたら慌てるとは思いますが、そこは冷静になって必ず解雇予告手当は受け取りましょう。

解雇予告手当が支払われない場合には、労働基準監督署に相談すると、会社に対し支払うように指導が入ります。

パートや契約社員だからといって、泣き寝入りする必要はないのです。


そこまで酷い会社があるのか？と思う方もいらっしゃるでしょうが、経営者として30年、会社の大きさや職種を問わず、ビジネスの現場で何度も「突然の解雇通知」を突き付けられた人を見てきました。

「これまで尽くしてきたのに」「会社のためにどれだけの犠牲を払ってきたか」と裏切ら

れた気持ちになり、怒りに任せて権利を主張する人。

「会社の業績が悪いのだから仕方がない」と、泣き寝入りした人。

会社への忠誠心が強い人ほど、「自分に限って起こるはずがない出来事」と現実を受け入れられないのですね。


47歳で、ある日突然解雇通知を突き付けられたSさんは、「なぜ自分なのか？」と叫んだそうです。独身で身軽、比較的高給だったからまず目をつけられたのではないかと彼から聞きました。

経済情勢が厳しい今、リストラや倒産してしまうことも珍しくはありません。

そのような場合、未払いの賃金や退職金が発生した場合も、慌てて行動しては損。

「労働者健康福祉機構」（独立行政法人）が、会社に代わって、賃金や退職金を、最大8割まで立て替えてくれる制度があります。

賃金だけでなく、会社に「退職金規定」があれば、それもサポートしてくれるのはありがたいですね。

不当な解雇を言い渡されたとしても、決して慌てることなく、会社に労働者の権利を主張しましょう。

弁護士が行っている無料の法律相談を利用するのもいい。

自分一人で抱え込まず、感情的にならず、冷静に対応していきましょう。

間違っても「生活費を工面しなければいけない」と借金をつくるようなことは、絶対に慎みましょう。


労働者を守る制度や法律をとことん利用する。

「賢く」生き抜きましょう。

●パートや契約社員だからといって、泣き寝入りする必要はない

第2章　暮らしを豊かにする「賢いお金の使い方」

このところ、ガソリンや食品、電気料金など、値上げラッシュで出費はかさむ一方ですね。そんななか、限られた収入からお金を貯めるには、少しでも節約に努めたいところですが、むやみにケチると功を奏さないばかりか、**最悪、家庭不和になる**ということがあります。

「食費」を節約すると家庭不和にもなる

その最たるものが「**食費の節約**」です。

知人のKさんは、4人家族で「食費は月2万円」をルールに決めました。それを実現するために、業務用のスーパーを利用したり、近所のスーパーをはしごして「タイムセール」で食材を購入したりする毎日。

「蟹」の代わりに「かにかま」を使った「蟹玉」。「鰻」の代わりに「ちくわ」を使った「蒲焼」など、知恵を絞り「オリジナル料理」をつくる。様々な工夫をしながら、食卓を整えていました。

そのアイデアと行動力には頭が下がりますが、３カ月もしないうちに、ご主人から「そこまでしても、節約できる金額は知れている。貧乏くさい料理ばかりで、うんざりするよ」。お子さんからは「ママ、うちってそんなにお金に困っているの？」と言われる。

彼女自身、家族の好きな食材が買えないですし、メニューは貧相になる。食費を減らすために、どれほど時間の無駄遣いをしているかはわかっていましたが、食費の節約は成果がすぐに表れるので、やめられずにいました。

しかし半年が経った頃、ご主人から「いい加減に目を覚ませ！　食事は生きていくための土台。そこを無理に削っては、仕事へのエネルギーも減退する。健康を害することにもなるんだぞ」と諭され我に返りました。

もちろん、外食やお菓子などの嗜好品を減らすなどは一定の節約効果があると思いますが、食費を切り詰めるのは得策とは言えないと、私も考えています。

それに無理な節約をしているとストレスがたまり、結局無駄遣いしてしまうという声はよく耳にします。

無駄な買い物は控え、必要かつ欲しい物は高くても買う。

「節約のベクトル」を、間違えないようにしたいものです。

先にお話ししたKさんは、その後食費の節約はできる範囲にして、固定費の見直しに節約のベクトルを変えました。ご家族円満と聞き、胸をなでおろしています。


節約しすぎて、生活を犠牲にするのはもったいない。

いつ最期がくるのかわからないのですから、生きる土台の「食」は大切に。

毎日が楽しくなければ、お金だけ残しても意味がないと思います。

●「節約のベクトル」を間違えない

「収納庫」は無用の長物

前章で「人生には3回のお金の貯め時＝比較的お金のかからない時期」があるとお話し

しました。

第1は、就職後結婚するまでの独身時代。

第2は、結婚からお子さんが小学生頃まで。

第3は、お子さんが大学を卒業後ご自身が退職するまで。

自分はまさにその時という方は「ラッキー」。そうでない方は「もっと早く知っていたら……」と落胆する方もいらっしゃるでしょう。

安心してください。貯め時であろうと、そうでない時であろうと、ちょっとしたことがきっかけで、お金が貯まる家計になります。

それは、**家計そのものだけでなく、「家の中の収納を見直す」**ことです。

クローゼットや押入れ、物入れなど収納スペースが多い人ほど、その中がパンパンで「収納破綻」に陥っていて、お金がなかなか貯まらないケースが少なくありません。

こんな状況だと、自分の持ち物を把握することは不可能。どこに何があるかはもちろんのこと、何を持っていたかも忘れていることがあります。

結果、似たような物を何度も買ってしまう。それは当然、無駄な出費ですよね。

服やバッグなどの持ち物は、「自分で把握できる量」を心がけ、出番のない物は、売却や処分などして手放す。

持ち物の「棚卸し」をしてみましょう。

収納スペースが多く、持ち物がはみ出しているような状況にあると、感覚が麻痺し、物が増えても気にならなくなってしまいがち。すると欲しい物があると、何も考えずに購入。これでは、お金が貯まるはずもありません。

一方、「自分で把握できる量＝必要最小限」にして、収納にも余裕を持たせていると、持ち物が一つ増えただけでもすぐわかるようになり、物を増やすことに慎重になります。買い物も吟味するので、衝動買いや無駄な出費が減ります。

「貯金が思うようにできない」と思ったら、収納を見直して、持ち物の量を減らしましょう。

物を所有する感覚を「リセット」するのです。

これまで当たり前のように行ってきた「所有」を見直し、「シェアリング」や「リース」「サブスク」などを取り入れるのもいいでしょう。

所有するという発想を少し変えるだけで、時間の使い方や買い物の仕方にもいい影響が出てきます。

部屋中に物が散乱しているのはもってのほかですが、一見綺麗でも、クローゼットや押入れの中に詰め込み放題。そんな人も要注意！

無駄な出費をなくして貯金を増やすためにも、まずは身のまわりの整理整頓を心がける。物への執着や所有欲が強いと思う方は、この際、収納スペースを減らすといいでしょう。収める場所がなくなれば、物も自然と減っていくものです。

●物を所有する感覚を「リセット」する

「とことん使い切る」発想が、豊かな暮らしの基礎

私のモットーは、「物と向き合い、とことん使い切る」ということです。

家にある物は、幾度となく行われた整理整頓、処分を経てきた物ばかり。それらをとこ

とん使い切って、物の寿命を全うさせる。

使い切る楽しみに、私は50歳頃目覚めました。それは「**人生の後半をどう生きるか？**」を、真剣に考え始めた頃に合致しています。

今の我が家にある物は、値段やブランドを問わず、私の暮らしにマッチした物ばかり。堪能して使い切ったとき、感謝の気持ちと達成感があります。使い切ることは心躍ることなのです。


「とことん最後まで使い切る」というのは、その物と真剣に向き合わないとできません。

物が多ければ、一つの物と向き合う時間は減ってしまいます。

縁があって私のもとへやってきたのに、使いこなすことなく物としての役割が終わっていくのは可哀想です。

不要な物がほぼない今の家だったら、「最後まで使い切る暮らし」が実現可能です。

人生後半、これから先は、今までと同じように「必要だから買う」ということも難しくなるかもしれません。

だからこそ、今までより、物とお金を大切にしていかなくてはいけない。**今必要だから買うのではなく、人生後半の暮らしに必要かどうか。**今ある物が応用できるのならば、物は買わない。

年に数回しか使わない物ならば、レンタルやシェアリングを利用すればいい。それに応用や活用を考えるのは、結構楽しいものです。

同じ年齢の一人暮らしの女性ですが、電気釜を処分。万能鍋を活用して時短で炊飯していると聞きました。

美容業界に長く従事する友人は、ハンドクリームやネッククリームなど、体のパーツごとに購入していた化粧品は、吟味した「ボディローション」１本で十分だと教えてくれました。

ちなみにその方は、所有していた外車は維持費がかかるうえに、道幅が狭い坂道だらけの居所には不向きなので売却しました。５キロ程度ならば歩く。２～３駅ならジョギングしながら移動することもあるそうです。

「車を処分するまで、自分がこんなに『アクティブ』だとは気づきませんでした。

55歳を超え、自然と『体育会系』に変身して正解でした。風を切って走るのは気持ちのいいもの。無心になれるのもいいですね」
と笑顔で話しています。

●とことん使い切ると、感謝の気持ちと達成感がある

自分にとって「本当に必要な物」たちと暮らす

年齢を重ねれば、頭と心の棚は雑然としていて、在庫過剰になっているかもしれません。必要ではないのに、欲しい物がいくつも見つかったり、すでに所有しているのに忘れて放置していたり。必要だからと購入したのに、まったく使われずそのままになっていることも多いもの。

人は、欲しい気持ちが先行していると、「どうしても必要だから」「それがないと支障をきたす」などと、もっともらしい理由をつけて購入の正当性を主張します。

結果、不要だったことに気づいても「いずれ使うから」「子どもに残せばいい」などと、言い訳をするのです。

かつての私は、「一流ブランドだからという理由だけで購入した高価なスーツ」「本当は一つでいいのに、複数買うと割引になるからと買ったたくさんの同じ物」「つきあいだからと、欲しくもないのに購入したアクセサリー」といったように、自分の価値観で選んでいない「いらない物」だらけの中で暮らしていました。

高価な物やレアな物も、使わないならばゴミと同じです。

振り返れば当時、「幸せだ」とか「満たされている」と感じたことが一度もなかったのは、多くの不要品＝ゴミに囲まれて暮らしていたからだと思います。

物の多さと幸福感は比例しません。

不要な物や自分の価値観に合わない物の中に、身を置くと落ち着きません。不要な物が溢れた部屋が、頭や心にも負担を与えていたのです。

そうならないために、ここで棚卸しをして、ストレスが増える物事を見直し、暮らしをスリム化すると、驚きや発見の連続です。
私の場合、あれもこれもやりたい、やらなくてはいけない……と、パニックになっていた頭の中が片づいて、本当にやりたいことが見えてきました。
物を購入するならば、
「本当に必要かどうか？」（必要性）
「長く愛用できるか？」（耐久性）
「直して使えるか？」（保証体制）
「価格と品質のバランスが取れているか？」（適正価格）
最後は「始末よくできるか？」
を考慮しています。

●物の多さと幸福感は比例しない

「あって当然」を疑ってみる

「一般的な家庭にはあるが、我が家にはない物」についてお話しします。

扇風機、ホットプレート、トースター、電気釜、加湿器、除湿器、美顔器などは所有していません。

扇風機は、限られた期間しか使わないのに場所を取りますし、なくても困らないので、はなから購入は視野にありませんでした。

ホットプレートは、一人暮らしには出番はまずないでしょう。「小型サイズ」を購入するという選択肢もあるでしょうが、使用したとして、カーテンや壁に臭いがつくのは嫌ですから、手を出しません。

トースターは、コンロの魚焼きグリルを使用すればいいですし、電気釜は、万能鍋で代用できるうえに、炊飯時間の短縮にもなるので、今後も購入する予定はありません。

年齢の近いマンションの隣人（女性）とは世間話をしますが、湿気の多い地に立つ建物だから加湿器はいらないとおっしゃっていました。同感です。

冬場の乾燥対策は、濡れたタオルを活用すれば問題ありません。

一方湿気対策には、除湿器ではなく、読者さんが教えてくれた「備長炭」を布袋に入れて、クローゼットや靴箱などに置いています。

備長炭は除湿だけでなく消臭もしてくれます。湿気を吸い取った炭は、天日干し等した後、しっかり乾燥させると半永久的に使えます。

こんなふうに**「あって当然」を疑い、「なくても用は足りる」が見つかると、どんどん家が片づき、整い、快適になります。**

「あって当然だ」
「みんなが持っている」
「流行だから」

と認識している物でも、自分のライフスタイルに合わなければ、手放しても問題ないことに気づくはず。

物を減らして余白ができると、部屋も心もスッキリします。

身のまわりに「絶対必要な物」だけを置けば、愛着が湧き、大切に扱い、自分にとって

何が大事なのかを常に意識することができます。
それは、お財布にも心にも優しい暮らしです。

●物を減らして余白ができると、部屋も心もスッキリする

頭の体操にもなる「リユース」のススメ

使用済みの物の形を変えずに使い続けることを「リユース」と言います。物の形を変えて再利用するリサイクルとは異なります。

リユースの「メリット」には、次のようなものがあります。

- ゴミの量が減少する
- 資源の消費が減る

リユースで物の寿命を伸ばすことで、生産が抑えられ、原材料となる資源の浪費を防ぐことができます。

・二酸化炭素の排出量が減る

リユースでゴミが削減され物の生産が抑えられれば、輸送トラックやゴミ処理場、製造過程から排出される二酸化炭素を減らすことができます。

そしてなんといってもお財布に優しい。不要品は、リユースショップに買い取ってもらうとお金になります。
また新品と比べお手頃価格のリユース品の購入は、消費者にとってはありがたいですよね。

手間をかけなくても、暮らしの中でリユースする術はあります。
ご近所さんから教えていただき、続けているリユースをいくつか紹介します。

みかんやレモンの皮を再利用する

みかんやレモンに含まれるクエン酸には、汚れ落としや消臭・除菌効果があります。そこでみかんやレモンの皮を、レンジまわりやシンクの汚れ落としや磨き上げに使っています。

またみかんの皮を天日干しして、粉末にしたものは漬物の香りづけやパンケーキのタネに混ぜてお菓子づくりに活用しています。

珈琲カスを再利用する

豆を挽き、香りや味をゆったり味わう珈琲タイムは至福のときです。コーヒー専門店のマスターに教えていただいたのは、珈琲カスを消臭剤に活用する方法です。

珈琲カスは、天日干ししてよく乾かし、小袋に入れて冷蔵庫の消臭に、あるいは可愛いトレーに敷いて、玄関やリビングの消臭剤として活用しています。

牛乳パックを再利用する

料理で大きな氷が必要なときには、牛乳パックを再利用しています。

これは町内会で防災訓練を行った際、世話役さんに教えていただいた方法です。

牛乳パックを必要な高さにカット。水を入れ、フタの代わりにラップをかぶせ、冷凍庫で凍らせます。普段遣いの氷ならばこれで十分です。

また、匂い移りしやすい香味野菜をカットするまな板代わりにも牛乳パックはなります。


リユースできる物や、その方法を考えるのは楽しいことです。

固定観念や常識にとらわれず、「頭の体操」のつもりで、あなたも考えてみてください。


これまでは「大量生産・大量消費・大量廃棄」という時代でした。結果、地球全体の環境破壊が深刻化し、気候変動などを引き起こす大きな問題となっています。

その解決策として生産者、消費者のどちらも、

・Reduce（リデュース）：ゴミの発生を減らす

・Reuse（リユース）：繰り返し使う
・Recycle（リサイクル）：資源として再利用する

ことを考えなければなりません。

ゴミになる物を減らし、使える物は使い続ける。
どうしてもゴミになってしまう物は、資源として再利用する。
限りある資源を守るために、家計の健全化のためにも意識したいですね。

●お財布と地球に優しい「３Ｒ」を意識してみよう

「ご褒美費」が浪費を防ぐ

物価高騰、経済情勢の不安の中、賃金上昇が見込めない50代を迎える頃や年金世代は、お金の不安が高まる一方かもしれませんね。

その不安を払拭するために、「家計管理」に知恵を絞るのはわかります。

しかし家計管理は、我慢比べではありません。生きている限り必要なことですから、無理は禁物。


貯蓄額は確保しつつ、「ご褒美費」（お楽しみ予算）を家計に組み込みましょう。

意外かもしれませんが、ご褒美費をつくったほうが、家計管理もうまくいきます。


我が家では、収入の1割をご褒美費に充てています。

私は執筆や講演が生業で、収入は一定ではありませんから、直近3年間の年収の平均値を算出して、それを12で割り、その1割まではご褒美費として毎月自由に使ってよいことにしています。

フリーランスの方も同様の考え方でいいでしょう。

たとえば、直近3年間の年収平均値が５００万円だとしたら、５００万円÷12＝約42万円がおおよその月収になります。

その1割である約4万円がご褒美費になります。

立て続けに執筆依頼や講演の仕事が入る月は、求められていることに１００％応えたい気持ちから、自分を癒したり、労(ねぎら)うことを忘れがちになります。

寝食を忘れて仕事に没頭することも、50代を迎える頃まではありました。

しかしそれは「自己満足」にしか過ぎませんでした。

心身に無理を強いた結果倒れ、仕事に穴をあけそうになり、仕事のやり方、生き方を見つめ直しました。もっと自分を可愛がろう！と。

そして家計に「ご褒美費」を計上しました。

指圧や美容鍼、健康診断や歯科検診といった心身のケアや、美術館や博物館めぐり、日帰りバスツアーといった楽しみがご褒美費です。

毎月残ったご褒美費を積み立て、「誕生日」には、プチジュエリーを購入。

ご褒美費を計上したメリハリのある家計のおかげで、貯まる暮らしを私は満喫しています。

「楽しくお金を貯めたい」という方は、ご褒美費の計上を考慮してみてはいかがでしょうか。

ご褒美を計上している知り合いには、ダンススタジオで体力づくりをしながら、スタイル維持を保っている人。

美肌と美髪は男女を問わず「若々しさの決め手」ということで、エステやヘッドマッサージを受けている人。

写真が趣味の友人は、カメラを抱えて地方のB級グルメ旅の様子をカメラに収め、食も堪能しています。

一流ホテルのラウンジで豪華なランチをいただくのが最高のご褒美という人や、「回らないお寿司屋」さんにご褒美費を充てるという人もいます。

落語や演劇、ミュージカル鑑賞や展覧会、博物館に毎月通うという人は「ご褒美は絶対に必要！　頭と心の栄養になる」と、おっしゃっています。

●家計管理は我慢比べではない！

「目標」を見直して、賢くお金を使う

人生後半のお金に余裕をつくるには、**「目標」を見直す**こともお勧めします。

夫婦で「世界一周旅行」を目標にしているならば、国内旅行に変更する。その代わりに、ちょっと贅沢な宿に泊まり、高級グルメを堪能すればいい。

旅行という目標はあきらめずに、プランを変える選択をすれば、ストレスを感じることも少ないでしょう。

「自叙伝」の出版を目標にしていた知人は、企画を出版社に持ち込みましたが、実績がなく無名の彼女の企画にゴーサインを出す版元はなく、「自費出版」でもいいと言い出したのですが、私はとめました。

「まずは音声配信やサイトで有料コンテンツとして販売したらどうか?」とアドバイス。

いわば「目標の先送り」を促したのです。

やりたいことは、すぐにでもやりたいという気持ちは理解できます。

40代半ばまではスケジュールがタイトでも、実現可能性が低くても、私はやりたいことは全部チャレンジしてきました。

それは、**「人生の在庫時間」を意識していなかった、失敗しても取り戻せるだけの時間の余裕があると考えていた**からできたのです。


でも今は、余裕を持って**「私だからこそできること」**をするスタンスに変わりました。

50代ともなれば、長年の習慣でなんとなく続けていることが、いくつもあるでしょう。

それらは本当にやる必要があることなのか？

自分にしかできない仕事なのか？と考えてみてほしいのです。

お勧めしたいのは、**「日々のルーティンを疑う」**ことです。

そして、日々行っているルーティンをアトランダムに書き出してみましょう。

すると、**必要ではないことや、自分でやる必要のない仕事に、手間や労力をかけていたことに気づくはず**です。


「自分にしかできない仕事って、こんなに少ないんですね」

「寂しいです」

とおっしゃる方もいらっしゃいます。でも、それでいいのです。

「自分にしかできないこと」は、少ないほうが健全です。

あれもこれもと労力を分散させるのではなく、「**本当に大事なこと」にできる限りの労力を注ぐ**ことを考えましょう。そうすれば自ずと結果を出しやすくなりますし、時間の余裕も生まれ、心身の負担も軽減されるはずです。


仕事はもちろん私生活でも、なんとなく惰性で続けているＳＮＳやおつきあい、効果を実感できない健康法や若い頃と同様のメイクやファッションでちぐはぐな印象を与えていたり――いろいろな、やらなくてもいいことが、私たちの日常には潜んでいます。

日々の暮らしを洗い出し、その中にある「**やらなくていい習慣**」を、ぜひ探し出してみてください。


私は著者として講演家として生涯現役で働きたい、という目標は変わりませんが、スケジュールに遊びをつくり、「私でなくてもできる仕事」は丁重（ていちょう）にお断りしています。

そしていただいたお金や年金、預貯金は、人生後半をストレスなく自由に生きる糧なので、目先の欲や身の丈を超えた目標のためには使わないと決めています。

●目先の欲や身の丈を超えた目標のためにお金は使わない

50代は、最高の利回り「自己投資」に磨きをかけるとき

人間関係が構築できたり、スキルアップで収入が増えたり、健康に気を配ることで病気を未然に防ぎ、医療費や介護費用の削減に繋がる。

このように、**複数のリターンが見込まれるのが「自己投資」の魅力**です。未来の自分に繋がる「自己投資」を、皆さんは続けてきたと思います。

50代は、それらに磨きをかけ、完成形に近づけるときです。

60代、70代の方も遅くはありません。

ただし、いつまでにどんなリターンを求めるのかが明確になっていない「自己投資」は、見直すこと。

コストや努力に見合ったリターンが得られるかという判断は、社会経験を積んできたあなたならば、見極めがつくはずですから、しっかり棚卸ししましょう。

現状、身についているレベルで人生後半も足りるものは、それ以上無理に時間や労力を費やすのはやめ、**必要な物をブラッシュアップして、自己投資の「コストパフォーマンス」を高める**のです。

フランス語、韓国語、英語の習得に励んでいた友人は、バランスよく学ぶことは難しいし、３カ国語を操ることは仕事の現場を離れてからは、必要とされることはないと考え、「英語」一本に絞り、定年後は「３歳から始める英会話教室」を開くという作戦に切り替えました。

カフェ経営が長年の夢と語っていた知人は、定年を前にある疑問に襲われました。

「ただ店を持つことに憧れているだけじゃないか？」「初期投資がかかりすぎる」ということで見直し。

まずは不定期に開催される地元の朝市にキッチンカーで出店して、「珈琲」と「シフォンケーキ」を提供。お客様の反応を見ながら、自分の店を持つかどうかを決めるといいます。

「特定のスキルを身につければ、一生食べていける」という保証は、今やなくなっています。専門性は磨きながら、社会の変化を観察し調整しながら、着実に自分の市場価値を高めていくことが大切。

「自己投資」は、完成形に近づける努力を惜しまない。適応力を持って進めば、怖いものなしです。

●50代は「自己投資の棚卸し」をする

「年金はないもの」として生きる

お金に余裕が欲しいのは誰でも同じです。ただ、人生後半は、若い頃のように収入を増やせる人ばかりではありません。

「定年後再雇用」「再就職」「独立」「開業」「起業」という道を選ぶ、アルバイトやパートで働くという手段もありますが、将来的には年金収入に頼るという人が大半でしょう。


しかし、厚生労働省が発表した「令和３年度厚生年金保険・国民年金事業の概況」によると、年金の平均受給額は、国民年金でおよそ5・６万円。厚生年金はおよそ14・６万円です。

一方、老後に必要な月の生活費は、独身者で約15万円、夫婦二人で約26万円というデータもあります（総世帯及び単身世帯の家計収支・家計調査年報・令和３年総務省統計局）。

年金だけで暮らしをまかなうというのは、現実離れしているのです。

ですから、**「年金はないものとして生きる＝年金を頼りにしない」「年金はいただけたらラッキー」**くらいの気持ちで、40代半ばから人生後半に向けた資産形成をすることをお勧めします。


45歳から65歳までの20年間で、２０００万円の預貯金をしたいと仮定しましょう。そう決めると１年で１００万円、１カ月に換算すると約８万３４００円を蓄え続ける必要があると具体的な数字が編み出されます。

まずは具体的な目的を決める。そして毎月の収支状況を把握しましょう。

家計の支出に大きな割合を占める「固定費」の倹約から手をつけるといいでしょう。

「固定費」を減らすことができれば、毎月の出費を大幅に減らせ、その分を預貯金に回すこともできるからです。


私の場合、家族や兄弟姉妹はいませんので、よく考えたら死亡保険は不要ですから解約。ガンや先進医療に手厚く毎月の掛け金が安価な保険に変えました。

車を所有していましたが、ガソリン代や保険など維持費がかかるうえに、駐車料金は5万円。そこで処分。どうしても車が必要なときは「レンタカー」を利用することにしました。

保険の見直しと車の処分、それだけで月10万円以上の倹約になりました。

一例ですが、投資や金融商品に手をつけなくとも、10年間で1000万円を超えるお金が貯まることになります。


同年代の未婚で一人暮らしの女性ですが、兄弟姉妹はなし。両親はすでに死去。

たくさんの預貯金や死亡保険を残したところで受け取る相手もいませんから、自分が亡くなった後は寄付を預託。献体の手続きまでしています。

余計なところにお金は使わず、社会に役立つことにお金を使う。

これからは、そうした生き方が増えてくるのではないでしょうか。

「年金対策」は何歳からでも大丈夫。50代からでも遅くはありません。

具体的な数字を決め、毎月の収支状況を把握。家計の支出に大きな割合を占める「固定費」の倹約にフォーカスすれば、それほど苦労しなくてもお金を貯めることはできます。

「年金だけでは暮らしはまかなえない」のはわかっているのに、「年金を当てにする」気持ちがあるのは、誰しも同じでしょうが、この際「年金はないもの」と捉えて、人生後半に向けて資産形成をしていきましょう。

●「固定費」の見直しが資産形成のポイント

今の家を「ダウンサイジング」する

平成17年に夫が亡くなったとき、東京に自宅、夫のガン静養を目的に購入したマンションを熱海に所有していましたが、一人になった私には、2つも家があるのは贅沢すぎました。

夫の死後、熱海から離れる気持ちでしたが、「住まいを所有する安心感と、快適な環境を手に入れるにはどうしたらいいのか」をじっくり考えたら、「この機に温泉に恵まれ、豊かな自然に囲まれ、交通の利便性も高い熱海に住まいを移すのがいいのではないか」という結論に達しました。

ゆくゆくは事業を他の人に譲り、「執筆と講演」の仕事で生涯現役を貫きたいという考えがありましたから、東京の自宅をすぐに売りに出し、熱海に「小さくて快適な終の棲家」を見つけました。

家を「ダウンサイジング」したのです。

家が小さくなれば「固定費」が減り、その分を趣味や体のケアに回すこともできます。

そして贅沢な調度品や家具、ブランド品や宝飾品など必要でない物は売却。売れない物は処分。熱海の新居には、家具や食器、家電に至るまで必要最小限の物だけにして、今に至っています。

「家のダウンサイジング」は、ローンが完済できているのが前提ですし、今の家に愛着があり、お子さんに継がせたいというのであれば、無理に住み替える必要はありません。ただし戸建ては、20年ほど経つと老朽化が目立つようになり、定期的なメンテナンスをしないと住み心地も悪くなり、多額の補修費用がかかる可能性があります。また高齢になれば足腰が弱り、戸建ての広さでは家事も大変になることが予想されます。

知人夫婦は、30代後半に葉山に閑静な一戸建てを購入。お子さんのいないご主人は、奥様と休日には「サーフィン」に興じ、庭で「バーベキュー」を楽しむ絵に描いたような「湘南ライフ」を送っていましたが、55歳のときに奥様が死去。広い家にご主人一人になりました。

最初は心配した友人が訪ねてきたり。ご近所づきあいも始めたのですが、それまで奥様にすべてを任せっきりだったのですね。生活が空回りして強烈な孤独感に襲われたそうです。

そこで戸建てを手放し、同じ湘南のシニア向けのマンションに転居。今は新しい人間関係を構築。マンションの管理組合の理事長に就任して、住民から頼りになる存在です。「(若い子から) イケオジと言われる」のも納得の「魅力的な61歳」です。

年齢を重ねてから、少しでもライフスタイルを充実させたいのであれば、私は「戸建て」ではなく、「マンション」へのダウンサイジングがいいと考えます。

住み替えはすぐにできるものではありませんから、人生後半に向けて少しずつ計画を立て、準備しておきましょう。

●家が小さくなれば固定費が減り、好きなことにお金を使える

「持ち家」があればなんとかなる

老後に家があることは安心材料ですし、毎月の住居費の負担が少なくなることは大きなメリット。

賃貸は毎月の家賃が生涯続く。高齢者に対する「貸し渋り」で住む家を見つけられなくなるという現実もありますから、私は「**持ち家**」を勧めます。

親から譲り受ける家がない人や、お子さんがいない人は、老後の住まいは自力で確保しなければなりません。

お子さんがいないならば広い家を買って、老後に持て余す心配がないように、現役のうちに「ライフスタイルに合った家」を持つのがいいでしょう。

私は熱海のマンションに住んでいますが、選んだのには理由があります。

マンションであれば、家のメンテナンスにかける時間や労力は不要。

比較的交通の利便性に優れたところに立地していますから、アクティブに活動したい私には向いている。

大規模リゾートマンションが多い熱海でも、私が選んだ物件は戸数が限られ、定住率が高く、住人とのコミュニケーションが図れる。

管理人が常駐していますから、もしものときに助けも呼びやすい。

温泉大浴場があり、癒しと健康に役立つ。

この物件を選んで、正解だったと考えています。

最近ではクリニックやスーパー、コンビニが併設されているマンションもありますから、自分が75歳、80歳、90歳と年齢を重ねたときのことを考えると、こうした「家」（マンション）がある安心感は大きいですね。


賃貸物件を否定するわけではありませんが、高齢者の一人暮らしは、何かと理由をつけて「契約更新」を断られる場合もあります。大家さんの立場になれば当然ですね。

潤沢な預貯金があっても、保証人になりえる人がいなければ、家賃の滞納問題が生じたり、老いによる徘徊、孤独死……芳しくない事態も考えられます。

家族がいない58歳の健康自慢の知人ですら、契約更新時に大家さんから難色を示されました。彼女より若い保証人（身元引受人）2名をつけるように言われたそうです。

賃貸物件ならば固定資産税等、納税の義務はなく、好きな場所で好きなように暮らせる自由さがありますし、暮らしてみて初めてわかる、面倒なご近所づきあいや騒音問題などに見舞われたとしても、住み替えることで対応ができます。

それでも、私は自分の身の丈に合った「持ち家」を勧めます。

食費やレジャー、交際費などは年齢を重ねてから大幅に増えることは考えにくいですから、まず住まいを確保して穏やかに暮らすのが、人生後半には向いていると考えます。

●人生後半は、設備が整った「分譲マンション」がお勧め

「ポイ活」で地道にお金を貯める

ポイントを貯めて使うまでの一連の流れが「ポイ活」です。

貯めたポイントの使い道は、現金に交換して銀行口座に入金したり、「電子マネー」や「マ

イル」と交換できたり。

利用するサービスによって「交換レート」が異なるため、サービスを活用する場合は、レートを比較しましょう。

ポイントを家電やインテリアなど日用品と交換することも可能です。クレジット会社等では、「ギフトカード」や「チケット類」などに交換できるポイントプログラムもあります。

また貯めたポイントを交換せず、そのままポイントとして消費するのもいいでしょう。

ネットショッピングやポイント対象サービスを利用する際に充当するのです。この場合、交換手続きが要らないのが最大のメリット。

公共料金や家賃の支払いを、クレジットカード決済にして、効率的にポイントを獲得するのもいいでしょう。スマホ代や公共料金などの固定費は、金額が大きいですよね。

毎月のことなのに、現金払いや単なる銀行引き落としでは、支払うだけで妙味がありません。

しかしクレジット決済にすれば「ポイント」が貯まり、それを「副産物のお金」として活かすことができます。

ポイ活の醍醐味と言えるのが、「一度の決済で複数のポイントを貯める」、ダブルやトリプル取りです。

トリプル取りの具体例をお話ししましょう。

一昨年、家電量販店でパソコン（約20万円）を購入したのですが、まずクレジットカード決済を選び、家電量販店独自のポイントカードを提示。複数の店舗で使える共通ポイントカードでもポイントが加算されました。

たとえばポイント還元率をすべて10％とした場合、獲得ポイントは、

クレジットカードポイント　２万円
家電量販店独自のポイント　２万円
共通ポイントカードのポイント　２万円

です。

現金払いでこの買い物をすると、家電量販店独自の２万円分しかポイントをもらえませんが、合わせ技で、３倍のポイントを獲得できることになります。

ただし、むやみにポイントカード（アプリ）を増やせば、収拾がつかなくなるのは目に見えています。

それに何枚ものクレジットカードやポイントカード（アプリ）を所有してポイントを分散しては、効率よく貯まりません。

最近「ポイ活疲れ」という言葉を耳にします。

「世の中にお得が溢れすぎて頭が追いつかない」

「ちまちましたポイントは面倒、嫌になりつつある」


お得を追求するあまり、すぐに必要なものをポイント還元率の高い日まで購入を控えたり、ポイントを貯めることに必死になって買い物の楽しみを味わえなかったり。

「新しいポイ活」「お得なポイ活」を求めて労力や手間を費やすのは、時間の無駄遣いに他なりません。

ポイントはおまけのようなものだったはずなのに、もらえて当たり前の状況になってきました。

ポイントが得られないことは、ストレスになります。

また、お得な情報を逃してしまうことを必要以上に悔しがる感覚も広がっている気がします。知人はポイントが失効するのが嫌で、不急の買い物をしたといいます。

ポイントは楽しみながら集めるものなのに、疲れてしまっては本末転倒ですよね。

必ず支払うものでポイントが貯まるサービスに絞ったり、自動的に貯まる設定にしたりして、「ポイ活」は緩く楽しみましょう。

クレジットカードは、加盟店が多い、還元率が高い、ポイントカードは、使い勝手がいい、還元率が高いものを吟味して、お得に賢く暮らしに活かしてください。

お子さんの教育費や家のローンの支払いなど、お金がかかるときでも、「ポイ活」ならば取り入れられるはず。

地道ですが、「こんなに貯まっている！」と驚くかもしれません。

ユニークなところでは１０００万ダウンロードを突破し、メディアでも数多く紹介されている人気アプリ「トリマ」。

特徴は徒歩だけでなく、自転車や電車を利用した移動でマイルが貯まるところです。知り合いは、運動不足の解消のために利用しています。

貯まったマイルは、様々な電子マネー（Amazonギフト券、楽天ポイント、Tポイント、dポイント）と交換できますし、コンビニの商品引換券とも交換できるので、電子マネーを利用しない人にもお勧めですね。

私はある程度「ポイント」が貯まったら、国内旅行やグルメのお取り寄せなど、ちょっと贅沢気分が味わえるものに充てています。

●ポイ活は、地道で確実なお金の貯め方

「勉強」は、未来の自分への先行投資

リスキリングやリカレント教育、生涯学習といった大人の学びに関する言葉を、耳にする機会が増えたと思いませんか。

政府も給付金制度を設けるなど、社会人の学びについて積極的に支援しています。
社会人に学びが必要な大きな理由は２つ。

❶高齢化社会になり「ライフプラン」の見直しが必要になった

寿命が延びたことで「60歳で定年。その後は悠々自適に過ごせる」というようなこれまでのライフプランが通用しなくなったため、働き方の選択肢を増やす必要性が急務になりました。

❷ビジネスモデルやビジネスプロセスの変化に伴い新しいスキルを求められるようになった

今はもちろん、これからはなおさら新しいデジタルツールを使いこなせなかったり、仕組みを理解できなければ、生き残れなくなってしまいます。

ＡＩに仕事を奪われる可能性がある職種もあるでしょう。

今持っている資格や技術、スキルなどで満足しているようでは、未来はありません。
年齢を問わず、必要とされる人材でいるためには、自身のスキルを広げる勉強が欠かせないのです。

「勉強」は、未来の自分への先行投資。

いつまでに何を学ぶのか？　まずは具体的なゴールを設定しましょう。資格でも技術でも、読書や料理といった身近な趣味や、体力づくりだって勉強です。

何を学んでいいのかわからない人は、新聞を読むことをお勧めします。

ネットの情報は断片的でスポット。ときには誤った情報をさも正しいように流布していますが、新聞はきちんと校閲をパスして出来上がった、「ロープライスでハイリターンな情報のデパート」です。

世の中の動き全体を日々俯瞰できる、新聞に勝るメディアはないとすら思います。

新聞の定期購読者数は減っていると聞きますが、日々新聞に目を通して、幅広く、情報のインプット量を増やしましょう。

今は、自分で「情報を入手する時代」と言えますが、ニュースサイトやアプリのタイムラインだけで情報をキャッチしていると、入ってくる情報が偏ります。

自分が興味のあるジャンルだけでなく、経済の動きや世界情勢、注目されている情報に敏感になっていくと、ビジネスのアイデアに繋がったり、「〇〇を学ぼう」「これまでのキャリアを活かすには□□が必要だ」というような気づきも生まれるはず。


現に新聞のニュースを目にして「里親制度」や「保護活動」「孤独解消」「認知」など興味を基にその分野の見聞を深め、専門性を高め、定年後に「コンサルタント」や「カウンセラー」として活動を始めた知人が数多おります。

学びは継続してこそ力になります。

学びは決してあなたを裏切りません。

社会から必要とされる人材であり続けるためには、何歳になっても学ぶ姿勢が大切です。

●何を学んでいいのかわからない人は、まずは新聞を読もう

コラム❷　小銭を整理すると、お金の管理が上手になる！

２０２２年に、ゆうちょ銀行が、それまで無料だった小銭での入金手数料を有料にしたことがニュースになりました。

現に小銭での入金に対して、手数料が必要な金融機関が増えてきています。そこで、損をしない小銭整理・活用術を紹介します。

１　セルフレジで使う

自分でバーコードを読み込み、支払うタイプのセルフレジでは、小銭を投入して支払えるようになっています。ただ、大量の小銭を一度に使うことは避けて、１回20枚程度の使用にとどめておきましょう。

２　義援金や寄付、募金に使う

募金や義援金、チャリティーなどの寄付が目的の場合、送金手数料を免除している金融機関が多く存在します。

また、スーパーやデパート、コンビニのレジまわりやショッピングセンターなどには、募金箱が常設されています。

「募金箱を見つけたら募金する」というのも小銭を整理し、社会の役に立つ尊い行為だと思います。

ちなみに私は買い物をしたり食事をしたりして、１００円単位の小銭が出た場合には、最寄りの募金箱に投入するようにしています。長財布の中は、ほぼ小銭がない状況です。

３　交通系ＩＣカードにチャージする

紙幣だけではなく、小銭でも交通系ＩＣカードへのチャージが可能です。

ただし、チャージできる機器で利用できるのは、紙幣と10円玉以上の硬貨に限られています。1円玉と5円玉は使用できません。また、投入できる枚数の上限や、チャージできる金額の下限も決められていますから、注意が必要です。

4　お賽銭として使う

私は毎月1日に熱海にある「来宮神社」に参拝に伺います。その際、小銭はお賽銭として活用しています。

氏神様に毎月参拝に行く知人は、綺麗に洗い磨き上げた小銭を「お賽銭」に充てているといいます。

別の知人は、近所の神社や仏閣だけでなく、出先で祠を見つけると、手持ちの小銭をお賽銭として使っていると教えてくれました。

5　小銭貯金を整理する

私の周囲には、小銭貯金をしている人が結構います。貯金箱がいっぱいになったら、それを元手に「金」を購入するとか、「旅行」に行くとか目的はいろいろですが、入金する際に手数料を取られる場合もあります。ですから小銭貯金はほどほどに。

効率よく小銭を消費する策を考えましょう。

日々、小銭を増やさない工夫をすることが大切です。お金を預けるのに手数料がかかるなんて、ばかばかしいですからね。

●小銭貯金はほどほどにしないと、扱いが厄介になる

第3章　健康は資産、病は負債。お金をかけない健康法

薬よりも「発酵食品」

研究が進み「発酵食品」には、数多の健康効果があることが立証されています。

1　免疫力が高まる

免疫機能の60%は腸に集中していると言われ、腸を元気にすることが免疫力を高め、健康を保つ近道になります。

そこで発酵食品の出番です。発酵食品に含まれる乳酸菌は、糖を分解し、腸内を弱酸性に保ち、悪玉菌を倒し、善玉菌を優勢にします。

2　アンチエイジング効果

麹菌がでんぷんを糖に分解する過程で生まれるコウジ酸には、細胞を活性化させる「ア

ンチエイジング効果」があると言われています。

また納豆や味噌など、大豆を原料とする発酵食品に含まれている「ポリアミン」という抗酸化成分には、動脈硬化の抑制効果があるとの研究報告もあります。

3　生活習慣病の予防

発酵の過程でたんぱく質が分解されると、「ペプチド」が生成されます。なかでも大豆ペプチドは、血圧降下や抗酸化、コレステロール低下など、生活習慣病の予防に役立つなど、様々な生理的機能を持つこともわかってきました。


ちなみに、和食の基本の調味料「さ（砂糖）・し（塩）・す（酢）・せ（醤油）・そ（味噌）」の半分以上が発酵食品です。

砂糖を甘酒で、塩を塩麹で代用すれば、「さしすせそ」すべてを発酵調味料で整えることもできます。

我が家では、醤油の代わりに「醤油麹」も料理に応じて使用しています。

和食は、発酵させた調味料を組み合わせて使っているものが多く、健康面から見ても優れていると言えるでしょう。

たとえば煮物は、醤油、みりん、料理酒を使ってつくりますよね。

それは、煮物一品を食べるだけで、それぞれの発酵でつくられたビタミンやミネラル、オリゴ糖、アミノ酸などを一度に摂ることができる。

効率よくバランスが取れた健康食がいただけるということです。

50歳を超えると増える傾向にある、大腸の蠕動（ぜんどう）運動の低下で起きる「弛緩性便秘」を予防するには、腸内の善玉菌を増やし、腸内環境を整えることがカギです。

そのために、乳酸菌などの善玉菌そのものを含む発酵食品や、善玉菌のエサとなる食物繊維などをバランスよく摂取しましょう。

便秘薬に頼る前に、食事を見直す。

日々、食べる物が私たちの体をつくっているのですから、まずは食事を整えることから始める。

これは、人生後半を心も体もスッキリ生きるコツでもあります。

●発酵食品を活かして、人生後半をスッキリ生きる

「早寝早起き」には、健康・美容・節電効果もある

「早起きは三文の徳」ということわざは、誰もが知るところでしょう。「朝早く起きるとよいことがある」という意味ですが、具体的にどんなメリットがあるのでしょうか。

「早起きが苦手」という人でも、早寝早起きのメリットを知ると、生活リズムを見直すきっかけに繋がるかもしれません。

「早寝早起き」が身につき体内時計が整うと、目覚めがよくなり、寝つきもよくなります。結果、睡眠の質が高まり、免疫力が上がるため、体調不良になりにくいと言われています。

「睡眠時間はしっかり確保しているのに、疲れやだるさを感じる」という方は、生活リズムが乱れている可能性も考えられるので、生活習慣を見直してみましょう。

「早寝早起き」が習慣になると、朝の時間が充実します。

出社までの時間に余裕ができたり、朝ご飯をゆっくり食べられたり、趣味や運動、勉強などに時間を費やすこともできます。

私は、冬は20時就寝、3時起床。夏は19時就寝、2時起床を習慣にして20年以上経ちました。

結果、長年悩まされていた花粉症や、季節の変わり目に必ずといっていいほど引いていた風邪、慢性化していた不眠症、一時は67キロを超えていた体重……不調のデパートだった自分と手を切ることができました。

「早寝早起き」という「生活改善」が、私には体質改善に繋がったのかもしれません。

朝は頭がすっきりしているので作業がはかどり、時間を有効活用できます。

早起きして読書や運動、勉強などに時間を使うと、爽快に一日がスタートできます。

「早寝早起き」を習慣にする際は、早寝よりも早起きを意識してみましょう。いつもと同じ時間に起きて、いつもより早く寝るのは、なかなか難しいもの。

一方、いつもよりも早く起きれば、早い時間に眠気を感じて早寝ができるようになります。結果、次の日の早起きに繋がり、その日の夜も早い時間に眠れるようになります。「早寝早起き」で、体内リズムを整えることは、健康効果や美容効果など多くのメリットがありますが、それだけではありません。

夜更かしをすれば電気を使うので、それだけ電気料金に跳ね返ってきますよね。

極端な話、**日の出とともに起き、日の入りとともに眠る暮らしにシフトすれば、かなり高い効率で節電&健康効果や美容効果を得ることもできます。**

かつては「早寝早起き」が苦手と言っていた知人は、年齢を重ね自然と「早寝早起き」になったといいます。

最初は「遅くまで起きてられない、眠くなるんだ」「新聞配達が来る頃には目が覚める、年齢のせいだね」と嘆いていましたが、加齢は、「早寝早起き習慣を身につけるチャンス」とお話ししたら、「確かに」とポジティブに捉えていただけました。

そう考えると年齢を重ねるのも、悪くないと思えるでしょう。

●「早寝早起き」を習慣にするには、早寝よりも早起きを意識する

「睡眠スケジュール」を決める

「睡眠スケジュール」を立てることで、理想とする睡眠時間を得る指標ができます。

一般に大人に必要な睡眠時間は7～8時間と言われていますが、「睡眠は時間よりも質が大切」ですから、数字はあくまでも参考程度にしてくださいね。

毎日定時に就寝、起床することで、体がその時間に慣れ、眠りにつきやすくなり、睡眠を維持しやすくなりますし、夜中に目が覚めることも少なくなります。


それでは、睡眠スケジュールをどう決めたらいいでしょうか。

まず、就寝時間と起床時間を決めます。

休日も平日と同じ時間に寝起きするのがベストです。

たとえば、退職年齢になって、出社する必要がなくなった人でも、睡眠スケジュールを崩すのは、体調不良や作業効率の低下などを引き起こしかねませんから、注意が必要です。

次に就寝時間から逆算してスケジュールを組み立てていきます。

たとえば、21時に眠りにつきたいとしましょう。2時間前には入浴を済ませておきたいのであれば、18時に入浴。すると夕食は何時というふうに組み立てていきます。

睡眠スケジュールを決める際には、心地よく目覚められた経験や体調がよいと感じた睡眠時間など、何よりも自分にとって「最高」「爽快」「軽快」と感じる状態も思い出してみてください。

合わせて、次のこともチェックしてみましょう。

- **就寝前の行動を見つめ直す**→就寝直前までスマホやパソコン、ゲームなど、デジタルツールに触れていませんか。
- **入浴方法や時間を見直す**→一般に40度程度が適温で、就寝の1〜2時間前に入浴を済ませるのがよいと言われています。
- **食事は就寝2時間前までに済ませる**→睡眠の質を高めるには、食事をするタイミングも重要です。寝る直前の食事は胃もたれの原因になりますし、寝る直前の食事が習慣化すると肥満の原因にもなります。

・平日も休日も同じ時間に寝る→週末になると、夜更かしをしてしまう人も多いのではないでしょうか。しかしこれは睡眠バランスを崩す元凶。いつもと同じ時間に寝ることで、自然と体は入眠モードになりやすくなります。

・早起きして朝日を浴びる→朝日を浴びることで、体内時計がリセットされると言われています。また起床後に朝日を浴びることは、その後の夜の眠りにも繋がります。

睡眠時間の確保を意識している方は多いでしょう。人生後半はこれまでに比べ、自由になる時間も増えるときですから、「自由=気ままに過ごす」という発想ではなく、「**自由=自分で時間の主導権を握る**」と捉えましょう。

健康や美容、作業効率を高めるためにも、「自分仕様の睡眠スケジュール」を決めましょう。決して「早寝早起き」を強制するものではありません。

「自分の心と体が喜ぶ睡眠スケジュールを構築する」

爽快に軽快に人生後半を生きる要になるのが「睡眠」です。

●「自分仕様の睡眠スケジュール」を決める

「一日３食」にこだわらない

現在は、一日３食という食事スタイルが主流になっています。

日本人の７割以上は一日３食摂っているとも言われますが、それは、体にとって好ましいのでしょうか。

一日３食摂るようになったのは、意外なほど最近です。江戸時代以前には、一日２食だったという記録もあります。

私は、25年前に「一日１食半」という食生活に変えました。

１食は14時のランチ、半は朝７時に飲む「グリーンスムージー」です。

一日１食半は、病気とは言えませんが、常に不調で気分も不安定、気になっていた肥満を解消するためにも、私自身が栄養士ということもあり体調を考慮しながら、様々な食事法を試した末、たどり着いたものです。

結果、自然に体重や体脂肪が減り、67キロは43キロに。風邪や花粉症、アレルギー症状や胃もたれ、倦怠感や腰痛なども、次々に解消していきました。

不思議なことに、絶えず抱えていた不安も消えていきました。

今は、心身共に健康だと胸を張って言えます。

知人には「夕食は食べない」という人が結構います。胃腸を休め安眠を誘うには、最適だというのが、大方の意見です。

もちろん一日3食、食事をしたほうが心地よい、体調が優れるという方は、否定するものではありませんが、食事を摂るタイミングや食べる量、何を食べるかについては、意識したほうが賢明だと思います。

子どもの頃から、「一日3食を摂るのは当然」と脳に刷り込まれている人も多いと思います。

なかには、お腹は空いていないけれど、いつもの夕食の時間だから「食事をする」という方や、朝、食欲は湧かないが、「抜くのは健康に悪いと聞いているから、無理にでも食事を摂る」という方もいらっしゃるでしょう。

食事のタイミングや回数は何が優れ、好ましいのか諸説ありますが、胃腸の調子がよくないと感じている人や3食摂ると、だるいというような方は、一度、**食事の回数や量、摂るタイミングなどを見直してみる**ことをお勧めします。

若い頃と同じだけの量を同じタイミングで食事をするのは、人生後半には無理があることは誰しもわかっているはずです。

でも「お腹が空いていると眠れなくなる（かもしれない）」から、夕食はお腹いっぱい食べるとか、「肉を食べないと力が出ない（と聞いている）」というような、自分の経験則ではないことに振り回されるのは避けたいものです。

健康な心身をつくるのは自分の仕事です。

その要が食事であって、「回数やタイミング、量などの決定権は自分にある」と考え、これまでの常識を疑うのも必要ではないでしょうか。

●食事の回数やタイミング、量などの決定権は自分にある

健康食品や健康法の罠にハマらない

テレビやネットでは、「健康食品」や「トクホ飲料」などの広告を頻繁に目にします。ネットショッピングでは「健康食品」は売れ筋として、次々に新商品が紹介されます。

薬事法に触れないように愛用者の意見として、

「この健康食品を摂るようになってから、若くなったと言われる」

「この健康法でスリムになりました」

「これを使ってから肌が綺麗になったと言われる」

というような美味しい話が囁かれると、誰しも恩恵にあずかりたいと思いますよね。

それが本当に健康に寄与し効き目が顕著ならば、同様のものが続々出てくるのは腑に落ちません。

50代はこれまでの不摂生のツケが回るころです。誰しも健康情報に敏感になるときですから、本物を見極める目が必要です。そうでないとお金や時間、労力を使っても結果が出ないばかりか、身体を壊すことすらあります。

見極めるポイントの一つは、**被験者数や統計データ数**。多ければ多いほど、データの信頼性は増します。

次に評価のバイアスを避け、客観的に効果を評価することを目的とした「**ランダム比較試験**」に注目しましょう。

たとえば、「このサプリで腰痛が解消するか検証するので飲んでください」というように、１００人中50人はそのサプリ、残り50人は形状や服用量は変わらないビタミン剤などを試してもらう。

これでサプリを飲んだ方に、明らかに結果が出たら信頼性があります。

健康食品やトクホ、健康グッズなどでは、パッケージやラベルに表記されていることが多いですから、参考にしてくださいね。

最後に私見ですが、「**専門家の意見」を鵜呑みにするのはやめたほうがいい**と思います。

研究者や開発者が、「これはいいです」的なことをおっしゃっているＣＭも目にしますが、画面には小さく「専門家の個人的意見です」とか「すべての方に該当することではありません」というような表示がなされています。

それは当然のことなのですが、健康食品や健康法マニアになると、「新商品が発売されると、試さずにはいられない」「流行の健康法に乗らないのは損」というような「罠」にハマりがち。

そして、誤った飲み合わせや大量摂取で、人によって様々な弊害が出ることも考えられます。

さらに体力を過信し、無理を強いた健康法で身体を壊すなど、「こんなはずではなかった」ということにもなりかねません。

健康食品や健康法は、疑うぐらいでいいのではありませんか。

サプリメントよりも食事の質を重視する。

たとえば、毎日決まった時間に食事を摂り、腹八分を心がける。

食材摂取目標は、一日30品目を目安にする。

たまの運動よりも、日々のジョギングやストレッチ。

何よりも心身が喜ぶ健康法が好ましいと考えます。

●自分の心身が喜ぶ健康法がベスト

たまの運動より、毎日の「ラジオ体操」

50代は人生後半を心身ともに健康で過ごせるか、不調や不安に苛まれるかの分かれ道。

特にこれまで定期的に運動を行ってこなかった方には、肩こりがひどくなったり、腰痛に悩まされたり、血行不良になって疲労がたまり疲れやすくなる。ストレスがたまり、生活も乱れてくるといった悪循環に陥る方もいらっしゃいます。

そんなとき、お勧めなのが、皆さんがよく知っている「ラジオ体操」（テレビ体操）です。第1と第2、両方を行っても10分ほどで済みます。

私は毎朝ジョギング前の準備運動として、20年近く行っていますが、呼吸が整い、姿勢が正され、体中にエネルギーがみなぎるイメージが湧き、前向きな気持ちになります。

ちなみにラジオ体操は、国民の体力向上と健康の保持増進を目的として１９２８年から行われているそうです。今のスタイルになったのは１９５０年代からですから、歴史ある体操と言えますね。

第1は誰でもでき、肩こりや体の歪み、呼吸を整えるように、頭のてっぺんから前後左右上下と一通り体を動かせるようにつくられている体操。一方、第2は青年、壮年向けで、運動不足の解消や筋力を強化する目的になっています。

夏休みになると早起きをして、「ラジオ体操会場」に向かった子どもの頃を思い出す方は多いでしょう。

改めて正しい方法を確認すると、しばらく行っていなくても、身体が動きを覚えていることに驚く方もいらっしゃるのではないでしょうか。

そうした意味でも、運動習慣として取り入れやすいのがラジオ体操です。

せっかく行うならば、ポイントを押さえましょう。

コツは腕をしっかり伸ばして、ゆっくり高く上げ、背筋を伸ばす。

一つひとつの動作を意識しながら行う。

すると腕を上下するときには、肩まわりがほぐれていくのがわかりますし、腕をゆっくり高く上げる意識をしながら行うと固くなっている筋肉が伸び、血行がよくなるイメージが湧くでしょう。

そう意識するだけで、血流がよくなり、筋肉が伸ばされる。**深呼吸しながら行うと、胸の筋肉が開かれ呼吸がしやすくなる。**身体の変化に敏感になりますよ。

私が子どものころは、ラジオ体操でしたが、今はテレビに映っている方々と一緒にできます。動きを確認しながら行える「テレビ体操」ならば、正しい方法で決まった時間に続けることもできるのではないでしょうか。

張り切ってウエアやシューズを揃え、ジョギングやウオーキングをするのもいいですが、たまに走る（歩く）よりも毎日のラジオ体操。

手軽にできる運動を積み重ねるほうが、健康法としても生活スタイルとしても相応しいと思います。

歩くのは苦手、走るなんてもってのほかという知人女性も、ラジオ体操ならば難なくできて、暮らしにメリハリが生まれて好ましいといいます。

足腰が弱っている方のために、座って行う体操もテレビ体操では紹介されていますから、気軽に始めてみたらいいでしょう。

続けるうちに、「気持ちも体も」童心に返るに違いありません。

●一つひとつの動作を意識しながら行うのが「ラジオ体操」のコツ

「イケオジ俳優」「年齢不詳女優」をイメージして生きる

映画やドラマ、舞台と多数の作品をヒットへ導くと同時に、人生経験を得て渋味と円熟味を増すベテラン男性俳優。年を重ねるごとに「色気」が出て渋さが加わり、ダンディーな大人の男性へと変わる。

年齢を重ねたからこそ生まれる「イケオジ俳優」（イケてるおじさん・イケメンおじさん）の魅力に惹かれるのは女性だけではないでしょう。

そこで私から提案があります。

「立ち居振る舞いがカッコいい」
「言葉に重みがある」
「頼りになる上司像」

など、あなたが惹かれる、こうなったらカッコいいと思える「イケオジ俳優」をピックアップ。その方々の「いいとこ取り」をした「理想のイケオジ俳優」をイメージして生きるというのは、いかがでしょうか。

「そんなバカバカしいことはできない」とか、「今さらイケてる？　イケメンおじさん？」なんて切り捨てないでくださいね。

想像の世界ではどんな人にもなれますし、現実とかけ離れていても、それはあなたにしかわからないことですから、恥ずかしがらずにやってみてください。

日本人俳優に限らず、アカデミー賞俳優やイケメン韓流スターだっていいのです。

圧倒的な存在感でドラマに引っ張りだこの「滝藤賢一さん」をモデルに選んだ友人は、

私服のコーディネートセンスでも注目を浴び、２０２０年には、日本メガネベストドレッサー賞のサングラス部門賞（男性）を受賞した「滝藤さん」にならい、お洒落のセンスを磨き、スリムな体形を維持し、年齢不詳の「イケオジ」を目指しています。

先日お会いしたら、髪色がシルバーアッシュに変わり、ひときわお洒落になっていて驚いたのですが、「これは吉川晃司さんを真似た」と恥ずかしそうに答えてくれました。

女性ならば「才色兼備」とうたわれる女性をイメージするといいでしょう。

私は大地真央さんや宮崎美子さん、黒木瞳さん、かたせ梨乃さんなどをイメージしています。

もう少し年齢を重ねたら、草笛光子さんや中尾ミエさんを「イメージリスト」にあげる予定です。

こうした行動に苦笑する方もいらっしゃるでしょうが、**イメージすることが重要**なのです。美しい所作、美しい言葉遣い、ファッションなど、目標とする方を決めて、真似をする。なり切る。

そうこうするうちに、「自分のもの」＝「オリジナルなあなたの魅力」になります。イメージが現実に近づくのです。こんな「遊び心」が、心身の若々しさに繋がります。

●「遊び心」は若々しさの源泉

白髪や薄毛、しわやシミも「履歴書」

年齢を重ねれば、白髪や薄毛の悩み。肌にはしわが増え、シミも出てくる。それは**自然の摂理がもたらした「履歴書」**と言えるものです。

それらは、**老化ではなく「成長」**だと私は捉えていますが、無理のない範囲で抵抗もしています。

私は白髪染めをしていますが、できる限り天然成分配合の物を使います。

薄毛対策には、ヘアトニックを使い「ヘッドマッサージ」。髪に刺激を与えないようなシャンプーやトリートメント剤を吟味。

髪や肌に大きなダメージを与えると言われる紫外線対策には、帽子や日傘。目の健康のために「サングラス」を着用し、パソコン使用時は「ブルーライトを軽減する眼鏡」をつけ、ホットアイマスクや目薬で目のケアも欠かしません。

これは美容師の友人と眼科医の知人から伝授された方法です。


「もう遅い」「今さらやっても効き目は出ない」というあきらめモードのあなた。大丈夫です。

これまでなんとなく対策を講じていた方も、何もしてこなかった方も、意識して前記のようなことをしていただけたら、老化ではなく成長として受け止めることができるようになります。


5年、10年サイクルで見たら明らかに違いが出ます。

何も対策を講じない人は、よく言えば「ありのままの自分」かもしれませんが、対外的な印象は「しょぼくれて清潔感が失われた人」、悪く言えば「終わった人」という印象を与えることになるでしょう。

美容オタクになる必要はありませんが、若々しく「元気ややる気」に満ちている人は、「特別なことはしていない」と言っても、美意識を持ち日常生活の中に、心身によい術を取り入れているものです。

持って生まれた素材（容姿）で勝負できるのは、せいぜい30代前半まで、でしょう。

40代、50代、60代……年齢を重ねるほどに魅力を増していく人の共通認識は、「**人は老化するのではなく成長するもの**」。

人生後半は、手をかけ蓄積した美や健康がものを言います。

同じ年齢でも個人差が出るのが、50歳ラインでしょう。

●持って生まれた素材で勝負できるのは30代前半まで

コラム❸ 健康診断は年2回、歯科検診は年4回が「人生100年時代」のセオリー

会社を離れると健康診断を受ける機会を逸し、症状が出てから検査で病気が見つかるということはままあります。

先日、講演会で「毎年健康診断を受けていますか？」と50名余りの参加者に尋ねたところ、なんと半数以上の方が「受けていない」という回答に驚愕しました。

彼らは40代後半から60代後半までのビジネスパーソン。会社を退職してフリーランスで仕事をしたり、自営の方もいる。

事情はいろいろあるでしょうが、加入している組合健保、協会けんぽ、共済組合、国民健康保険組合からは、年に一度は「健康診断の案内」が届くはず。一部有料になる検査もありますが、なぜ受けないのか？　私には理解できません。

「病が見つかるのが怖いから」とか、「健康かどうかは自分が一番わかる」なんて妙な言い訳をする方もいますが、「悪いところがあればすぐに直す」「結果が良好ならば、来年も同様になるように心身のケアを心がける」。

「欠点を見つけ長所を維持するのが健康診断の目的」なのですから、受診しない選択肢はありえません。

私は年に1回は「公費」で、1回は「自費」で健康診断を受けています。

これは55歳を機に始めたことですが「それぐらい慎重に自分の心身の声を聴かないと、早期に悪いところが見つからず重篤になる。人生１００年時代に、仕事ができる心身を維持するためには当然の投資」と考えたからです。

歯科検診は年４回。虫歯がなくても歯石除去や歯周病予防のために、歯磨きの指導を受けたり。等間隔で４回の受診日時を予約しています。

健康で生きるには食事が基本。美味しいものを自分の歯でしっかり噛めることが要です。理想は「入れ歯」や「ブリッジ」などなく自分の歯でまっとうしたい。

毎日使い、汚れやすいだけに手をかける。歯科検診は健康診断以上に気を使わなければいけないことなのです。

かかりつけの歯科医さん曰く「悪いところがなくても、定期的に検診を受ける人は稀」だそうですが、美しい白い歯で笑顔をたたえたいではないですか。

おせんべいやイカ、こんにゃくなどは、入れ歯だと食べにくいといいます。

現にほぼ入れ歯の知人は、「微妙な味わいがわからなくなった」「滑る食品は苦手になった」と教えてくれました。

何でもしっかり噛んで、美味しくいただいて、健康な身体をつくる。

健康診断は年2回、歯科検診は年4回が「人生100年時代」のセオリーです。

●欠点を見つけ長所を維持するのが健康診断の目的

第4章　お金を活かす人づきあい

「義理や人情」にお金は使わない

50歳を迎える頃になると、会社勤めの方は、「これ以上の昇進や昇給は望めない」という現実を突きつけられます。

また、早期退職を促されたり、支社に出向を命じられたりと、好ましくない状況になる場合もあります。

今あなたが55歳だとすれば、そのまま定年まで勤め上げたとして5年、定年延長で10年。昨今の経済状況を考えると、公務員や大企業、時流に乗っている企業に勤務をしている人だって、退職金の減額だって考えられる。

いずれにしても、収入の先細り感は否めません。

退職金が満額支給されたとしても、それは長年会社に尽くした「功労金」であり、定年後の暮らしを支える要。

「自由に使えるお金」ではないはずです。

頑張れば昇給、昇進が認められた若いときと違い、**人生後半は「お金をかけるべきところ」と「お金をかけるべきではないところ」を明確にしておかないと、預貯金が増えるどころか、減る可能性も秘めています。**

「お金をかけるべきところ」は、自分や家族の暮らしを豊かにする衣食住や趣味や学び。

「お金をかけるべきではないところ」は、人間関係。

これまであなたは、会社関係をはじめ親戚縁者、友人・知人……と、膨大な方とつきあってきたはずです。ストックする名刺やメールアドレスも多大。

ときには、すぐに名前が思い出せない人から冠婚葬祭や趣味の集い、パーティーの誘いなどが舞い込む場合もあるでしょう。

そんなとき、「参加したくはないが、同僚は参加するはず」とか、「気が乗らないけれど、断ったらバツが悪い」などと考えたことはなかったでしょうか。

誰かの目を意識したり、世間体を気にしたり。

もう、そういうのは卒業しましょう。


あなたが思うほど相手は気にしていません。

人数合わせの可能性だってあるのですから、気が乗らないつきあいや誘いにお金を使うのはやめる。

思いを届けたいのならば、電報や手紙という形を選んでもいいのです。

義理や人情にお金を使えるほど、潤沢な資金が継続的に維持できる人は少数派でしょう。

「いい人になってつきあいにお金を使うのは、無駄遣いに他ならない」と私は考えています。


極端な話、冠婚葬祭は出ない。

会社関係のつきあいは、仕事に支障が出ない範囲でやめる。

友人・知人は、今後もつきあっていきたい相手かどうかふるいにかけて、プラスにならないならば断る。

そんなふうに「マイルール」を決めるのもいいでしょう。

人間関係をふるいにかけるというと、「人はモノではない」という意見が出ます。

でもあなただって、ふるいにかけられているのです。

その人を大切にしたいと考えているあなたを、相手はそれほど重視していない場合もあります。

人生後半の人間関係は、量ではなく質。

お互いに高め合い尊敬できる、将来にわたってつきあっていきたい厳選した人と、これからは繋がっていきましょう。

そういう人と過ごすことにお金を使えば、心豊かに、学びや気づきに溢れた時間を過ごせます。

●人間関係は量ではなく質

「本当の友だち」は３人いれば十分

66歳になった今、痛感するのは、時間や労力、お金といった個人が所有する資産を減らす最大の要因は、「人間関係」だということです。

人は一人では生きていけない。様々な人の支えや励ましがあればこそ、仕事も人生もやっていけるのは、紛れもない事実であって、人間関係をゼロにすれば暮らしそのものが成り立ちません。

だからといって、仲よくなっておけば、自分にとってプラスになるから、お金持ちだから、有名人だから、知り合いだからというだけで箔がつく……なんて理由で繋がり、「彼らは友だち」とアピールしている人は、じつに多いものです。

でもそれは、顔見知りであって、「友だち」ではありませんよね。

「人間関係は宝物」「友は一生の財産」などと一般に言われますが、限度というものがあります。気をつけないと資産は目減りする一方だと思うのです。

若いうちは知識や知恵を蓄えたり見聞を広めたりするために、多くの友だちをつくることは必要でしょう。

でも、**人生後半になったら、友だちは絞り込む。**

現実問題、友だちが増えるほどに、資産が減るのですから、刺激や気づきを分かち合える、仕事を離れたところで心を割ってつきあえる、共感や尊敬できる、そんな友だちを吟味して、つきあったほうが、自分らしく余裕のある時間を過ごせます。

私は人生後半の「真の友だち」は、

❶対等につきあえる
❷自分をさらけ出せる
❸久しぶりに会っても違和感を覚えない

これら３つの条件に該当する人と考えて、55歳を過ぎる頃から少しずつ「真の友だち」づくりを意識した結果、８年かかりましたが、年下、同年代、年上の「３人の真の友だち」ができました。

同年代や同性で友だちを固めると気軽ですが、新鮮な気づきや驚き、学びをもたらしてくれるのは、年下や年上、そして異性の友だちだとも気づきました。

「友だちをふるいにかけるなんて、気が進まない」という方や、「3人になんて絞れない」という方、「3人も見つからない」という方も、いらっしゃるでしょう。

3人は私の場合であって、人数や属性は気にせず、「自分にとって本当に大切な人」や「何かあれば真っ先に支えてあげたい人」を考える機会にしていただきたいのです。


人生後半を共に楽しむのに相応しいのは、誰でしょうか。

「友だち」は、離れて暮らす兄弟や姉妹、何かと気にかけてくれるご近所さん、しばらく会っていない「幼馴染」だっていいのです。

そう考えると選択肢が広がっていくはずです。


10歳ほど下の異性の友だちとは、地域活動を通じて知り合いました。

知り合ってから8年経ちますが、パソコンや動画編集で頼りになる存在です。

「愛犬」を通じて親しくなった近所に住む女性は、同年代の友だちです。

愛犬を亡くし「ペットロス」に陥っていた私を、支えてくれた優しい方です。

年上の友だちは、趣味のカラオケを通じて出会い、切磋琢磨(せっさたくま)する関係になった女性。

頻繁に顔を合わせるわけではありませんが、電話やメールでの「生存確認」は欠かせません。一人暮らしの私を心配して、ＳＮＳの更新がないと、すぐに連絡が来ます。

彼女は生涯つきあえる戦友のような存在です。

私はこうして「３人の真の友だち」にたどり着いたのです。

今は、人間関係のわずらわしさや、ストレスとは無縁になりました。それだけではありません。義理で参加していた食事会やパーティー、勉強会に費やす時間や労力、出費がなくなった分、暮らしにゆとりが生まれました。

あなたも人生後半に向けて「真の友だち」は誰か、どんなつきあい方をすればお互いが尊重し合えるのかを、考えてみませんか。

人間関係に多くの時間を費やすほど、人生の在庫時間は豊富ではないはずです。

●友だちが増えるほど、資産が減ることを理解しよう

「お世話になっている方」への贈答品は賢く選ぶ

人生後半は、人間関係に費やす時間は極力減らす。吟味した真の友だちが3人いればいい。これは私の持論ですが、結果、**ストレスや交際費、外食費などが減り、時間に余裕が生まれ、やりたいことができる環境が整う。**いいことずくめです。

そうはいっても、SNSでの交流や、一人暮らしの5人でつくった、何か起きたときのLINE連絡網など、デジタルツールを介したつきあいは無理のない範囲で行っています。デジタルツールを介したつきあいは、ある意味自分勝手。情報が欲しいときに繋がる、相手が深入りしてきたら、それ以上繋がらないなど、ルールを決めて行っています。

こういうスタンスで10年余り。お中元やお歳暮、誕生日プレゼントなどはやめました。それで人間関係に問題が生じたことはありませんし、壊れる関係ならば元々つきあう相手ではないと思います。

贈答品の類はほぼ贈らないと決めていますが、「これだけは欠かせない」のが、恩師（2人）への誕生日プレゼントです。

あなたにも人生の転機で支えてくれた方や、アドバイスを授けてくれた方がいらっしゃるでしょう。

周囲に尋ねると、ビジネスパーソンとしての基礎を叩き込んでくれた人。転職に迷っていたときそっと背中を押してくれた人。理不尽な扱いに自分事のように怒ってくれた人。内部告発をためらっていた自分に代わって、矢面に立ってくれた人……続々と名前があがりました。

そういう方への心遣いは、「そんなに気を使わなくてもいい」と言われても、続けるべきだと考えています。

義務感や恩義とは違う、「相手へのリスペクト」ですからね。

5年前までは、私の「恩師」は3人でしたが、1人は旅立ち、残る2人も高齢になり、いつまで「誕生日プレゼント」が届けられるかと考えると切なくなりますが、健康長寿を願う「プレゼント」を贈り続けています。

贈る日は決まっていますし、プレゼントのテーマは「健康」。

ですから、贈る物に迷う時間はほぼゼロに等しいです。


1人は冬生まれ。昨年は「温浴剤と腹巻」に、「これで心も体も温まってください」とひと言添えてお渡ししました。

もう1人は春生まれでグルメな方。ですから「鰹のたたき」に「旬のものを食べると長生きすると言いますよね」とひと言添えて贈りました。

例年のことですから、いつ頃注文したら、安くていい物が手に入るかをリサーチして、決まったカードで払い、ポイントができる限り貯まる＝ポイ活に寄与するお店を選んでいます。

これは、恩師へのリスペクトを忘れないということだけでなく、自分自身も「健康長寿」で生涯現役で著述業をする！という決意を新たにする大切な行事でもあります。

●「リスペクト」する相手にだけ贈答品を送る

何でもない日に「プチプレゼント」をする

会社だけでなく個人で贈るお中元やお歳暮、贈答品のほとんどは、「前任者から引き継いだ」というような儀礼的なものではないでしょうか。

それよりも真の友だちや趣味仲間、日ごろお世話になっているご近所の方などに、何でもない日に自分のタイミングで「プチプレゼント」を贈るのが、感謝の気持ちを伝えるのに相応しいでしょう。

予算は３０００円くらいまで。友だちや趣味仲間ならば「クッキー」や「ワイン」。ご近所には「旬のフルーツ」や「入浴剤」など。

使用したり飲食したらなくなる「消え物」が、相手の負担にならず喜ばれます。

腕に自信があったとしても、ご近所への「手料理のおすそわけ」や友だちに「手づくりケーキ」や「手づくり小物」を渡すのは、やめたほうがいいでしょう。

味の好みは千差万別ですし、「手づくり」に抵抗感がある方は想像以上に多いものです。

以前、ご近所からアルミホイルで無造作に包まれた「アップルパイ」を渡されたことがありますが、口にする気持ちにはなれませんでした。

同じシチュエーションならば、あなたも同様の気持ちになるでしょう。


自分のタイミングで贈る「プチプレゼント」ならば、手紙やカードなどに工夫をすることはできますね。

面と向かうと照れて言えない感謝や労いの言葉を「ほんのひと言」添える。

たとえば、

「笑顔が素敵な〇〇さん、頼りにしています」

「△△ができるようになったのは、〇〇さんのおかげです」

「〇〇さんの存在が、私の支えです」

「力仕事ばかり……ごめんなさい。〇〇さんがいないと正直困ってしまう私です」

というように。

こんなひと言があったら嬉しいですよね。

インパクトが大きくて、あっという間に相手の心をつかみ、忘れられないものになるでしょう。「プチプライス」でも効果は絶大です。

●「プチプライスのプレゼント」でも効果は絶大

「お金持ちネットワーク」に参加する

「資産家や地元の名士とだけ仲よくなりなさい」というのではありません。

お金に限らず、心や時間に余裕のある人たちを「お金持ちネットワーク」と命名。彼らとの繋がりを持つことをお勧めします。

経済の動きや株価変動の仕組みをわかりやすく教えてくれたのは、講演会で知り合った老舗菓子店の５代目。古い体質で低迷していた売上を、右肩上がりに回復させた優れた経営手腕の持ち主です。

地元で不定期に開催される高級家具やブランド品、毛皮や着物などが出品されるバザーの存在を教えてくれたのは、海が見えるマンションで暮らす元教師。東日本大震災をきっかけに始まった募金活動を通じて知り合いました。
営む司法書士事務所への出勤途中に、体調が優れない方を見かけ救急車を手配。病院まで付き添ったら、相手は著名企業の会長さんで、「命の恩人」と感謝され固辞しましたが、顧問として迎え入れられ、娘のように目をかけられているのはWさん。

早期退職後、古物商許可証を取得し「便利屋」を開業したHさんは、「終活」のお手伝いを頼まれたある人がきっかけで、続々と仕事が舞い込むようになったといいます。

私も彼らも最初から意図して「お金持ち」と知り合おうとか、自分に得になるような人を見つけようとしたわけではありませんが、**目の前の仕事を丁寧に行い、地域活動やボランティアに参加したり、困っている人を見かけたら迷わず行動する……。**

当たり前のことをきちんと行っていると、その姿勢を見ている人がいるのです。

意図していなくても、心や時間にゆとりがあるとお金持ちと知り合い、気づいたら自分もその輪の中にいる。

結果、自分では得られない情報や学びを得られたり、出会えない人に会えたり、参加できない場所に出かけられたりと、「お金持ちネットワーク」がもたらす恩恵にあずかれるのです。

もちろんメリットを受けるばかりではダメですよ。

できる範囲で手間や時間を費やすなど、無理せずお手伝いする意識でいれば、彼らとの交流は続きます。

それは人としての器を磨く、磨き続けること。

良質な人間関係の一つでもあります。

●「お金持ちネットワーク」は無数に存在する

応援するつもりで「投資」をする

金利や株価の上昇、さらに退職金の増額などの大幅な好転が望めない一方で、恐るべき勢いで迫っているのが物価高騰。

毎月のように発表される食品値上げ品目、ガソリンや電気……どこまで続くのかと考えると、頭が痛くなりますよね。

そんななか、荒唐無稽な儲け話や詐欺の被害に遭う人が後を絶ちません。

経済が不安定になるほど、そうした類のトラブルが増えますが、お金に対する不安が「儲けたい、稼ぎたい」という気持ちに拍車をかけるのは頷けます。

知人のAさんに、ある日「定年後のためにアパート経営をやりませんか?」という誘いが舞い込みました。

運送会社の一社員で、年収は700万円ほど。自宅マンションはローンの返済中で、預貯金も潤沢とは言えません。

そういう人に「アパート経営の話」が来ること自体きな臭いと私は考え、「断ったほうがいい」とアドバイスをしたのですが、「話を聞くだけ」のはずが、「問題なくローンが組める」「満室になれば家賃収入で十分返せる」なんて話に疑いもせずに、お金の心配のないバラ色の老後を描いてしまいました。

「うまい話」には裏があります。

その後発覚した巨額不正融資。借り手のないアパート。Aさんに残ったのはダブルのローン返済。

それだけが理由ではないでしょうが、Aさんは姿を消しました。

あのとき、力ずくでも止めていれば……。悔いても、悔いても悔やみきれません。

50歳頃になると、こうした投資話が数多舞い込むものです。私にもありました。

SNS経由の勧誘はスルーですが、知り合いの名前を出してDMや電話などで投資話を持ち込むケースもあります。そういう場合には、

「私は応援する企業に投資をしていますから」

「儲けるつもりでは投資はしません」

と声に出しています。

長く愛用している商品がなくなっては困る。大好物が市場から消えたら悲しいでしょう。そんな地方の企業に、「暖簾（のれん）を守ってほしい」「せめて私が生きているうちは続けてほしい」とエゴ丸出しですが、ささやかな投資をしています。

純粋な気持ちでの選択ですが、不思議なことに損をしたことはありません。

これはただの偶然というよりも、私と同じように真摯にその企業を応援する投資家が多く、その企業も真面目に活動されているから売上が右肩上がりとなり、企業成績が優秀となっていくのではないでしょうか。

金融商品には、株式、国債など様々な投資商品がありますし、金相場は高騰中で「金投資」を始めた知り合いも多いですが、資金が潤沢ではなく、長期スパンで考えられない人には「金投資」はお勧めしません。

それよりも「応援したい企業」という視点で投資を考えるほうが、悔いが残らず、賢明でしょう。

●儲けるつもりでは投資をしない

コラム❹　困惑する贈り物

「義理や人情にお金は使わない」と決めた55歳。

つきあう人を吟味して、自分のペースで「ちょっとした贈り物」（プチプレゼント）に「ひと言添え」が、私の贈り物の考え方なのですが、ときに、「困惑する贈り物」が事務所に届くことがあります。

「困惑する贈り物」とは、高級ブランドのバッグや有名画家の「リトグラフ」など。数年前の誕生日には、結婚式で見かけるぐらい大きなケーキが送られてきたこともありました。

さすがにこのときは思考停止。生ものですし、送り返すのは失礼にあたる。

その思いは嬉しいし私のために労力や時間、お金をかけてくれたことは感謝するばかりです。

このような「困惑する贈り物」は、いったんは受け取り、その後お礼状を出す。お礼状を出すにしても、「今後このようなお気遣いは不要です」と添えればいいのだろうか？　悩ましいところです。

ある著者さんの本の巻末には、ずいぶん前から、

「プレゼントは一切お断りしています」

「事務所に送られても対応できません」

というような記述がありますが、私レベルの著者でそんな一文を入れたら「高慢」に映るのではないかしら。

そこであまりにも高価な品の送り主には、

「お気持ちだけ頂戴します。ご自身や大切な方に差し上げてください。いつも（著書を）読んでいただいてありがとうございます」

「新刊を購入していただくだけで嬉しいです。ご感想、励みになります」

というように対応しています。

読者さんは、私にとって愛すべき大切な存在。いい加減な対応はできないですが、何か

をいただいたからといって特別扱いするのもおかしいですよね。

先述の超特大のケーキは、本当はお返ししたかったのですが、連絡がつかず、私が受け取ったときは賞味期限ぎりぎり。

そこで当時支援をしていた施設に、「お裾分けですが、子どもさんたちのおやつにしていただけませんか？」と連絡をして、車で施設の食堂に運びました。

目を輝かせ、ケーキを口いっぱいに頰張る子どもの顔は今でも忘れられません。

●プレゼントで自分を強調するのはＮＧ

「副業」で月5万円を成功させるセオリー

副業を認める企業も増えてきましたが、まだまだ少ない。それは当然のことですよね。副業に熱中するあまり本業が疎かになり、仕事に支障が出るようでは「本末転倒」。最悪、リストラの対象にもなりかねません。

ですから副業を認めている会社にお勤めでも、「黙って淡々と始める」のが望ましいスタンスではないでしょうか。

そうはいっても、**定年が現実味を帯び、昇進や昇給が見込めない40代後半になる頃には、将来を見据え「副業で月5万円は稼ぐ」を目標に踏み出しましょう。**

「月5万円を稼ぐ」ことが定着できれば、やり方次第で「10万円、20万円、30万円……」と、本業の収入に迫ることも可能です。

仮に50歳から60歳の定年まで10年、毎月５万円の副業収入を得た場合は、６００万円。これを貯金に充てれば、定年後の生活に安心感が生まれます。

副業の当てがないという方は、「自分への投資」をして稼ぐ力を身につけましょう。その近道が「**資格の取得**」です。

その際は、「**３カ月集中して勉強すれば取得できる資格を目指すのがベスト**」です。**たとえば、宅建士、社労士、行政書士**がいいでしょう。

そのうえで、これまでのキャリアを活かせる資格を選ぶと効率よく取得でき、稼ぎに繋がりやすいと言えます。

営業職の経験が豊富で、お客様との会話が得意な知人には「**宅建士**」取得を勧めました。宅建士は、「不動産取引に際して重要な説明を行う専門的な知識を有する人」で、この資格があれば主に不動産取引の場で活躍できます。

「**物件の案内や説明は、若い人よりも落ち着いたシニアにしてもらうほうが安心する**」と言うお客様も多く、週末副業で月５万円得ることも十分可能だからです。

事務職一筋30年の知人は**「簿記3級」**を20代で取得していましたが、2級、1級とスキルアップ。58歳のときには「税理士」に合格しました。

「簿記3級」取得でも、商業簿記を身につけていれば、経理関連書類の処理などに力を発揮。経理担当者を雇う余裕がない小規模商店や家族経営のお店などで、必要なときだけアルバイト的に働くスタイルで月5万円稼ぐこともできます。

定年後、税理士になった知人は、今は顧問先を複数持ち、自分のペースで「月30万円ほど」の収入を得ています。

また、**「本業に関連する仕事を副業として始める」**のも一つの方法です。

知人の本業は企業のPR動画の作成や商品撮影ですが、リモートワークが主体で、スケジュール管理が比較的自由になることもあり、平日の17時以降と土曜日を副業に携わる時間と定め、YouTubeやTikTokなどの動画編集や、歌手のプロモーションビデオ撮影、編集などの仕事を行っています。

副業歴は11年になりますが、本業に迫る収入を上げているそうです。

早いうちに副業を始めることで、定年後も好きなことを楽しみながら収入を得ることが

可能です。充実感と安心感に満ちた働き方を続けていきましょう。

●副業は、黙って淡々と始める

「オタク」はお金になる！

健康オタク・アニメオタク・筋肉オタク・アイドルオタクなど、世の中には様々な「オタク」の方がいらっしゃいます。

私なりの解釈ですが「オタク」とは、そのモノゴトへの愛情が深く、知識も経験も豊富で、自分の言葉でその魅力を伝えられる「専門家」。

それらを「金(かね)の生(な)る木」として活かせる人です。

似ているようですが「マニア」は、そのモノゴトを収集したり眺めたり、自己満足で完結していきます。その点が異なります。

オタクと言うと、ネガティブな印象を抱く方もいらっしゃるかもしれませんが、多様性が求められるこれからの社会では、「オタクこそお金になる!」とさえ考えます。

そういう視点を持つと、あなたにも一定のジャンルや趣味の世界で他者に誇れるような「オタク的素質」があるはずです。

「下手（へた）の横好き（よこず）き」と公言してきた骨董品収集歴30年の知人は、私から見ても、散々「授業料」を払ってきた方です。

それでも好きを貫いたオタクですが、55歳になった今は「古物商」の認可を受けて、遺品整理や不要品買取、骨董販売のほかに、オンラインで「初心者のための骨董品目利き講座」を開講。定年後の収入の基盤を築いています。

「昭和歌謡」のレコード収集が趣味で数千枚を愛蔵する知人は、このところの「昭和歌謡ブーム」「レコードブーム」に乗って、愛蔵盤をデータに保存した後に、許認可を得て「中古レコード販売」と、経済メディアに関わる現業を活かして、「昭和歌謡がもたらした経済効果と功績」といった「セミナー」を開催。着々と定年後の生活設計を構築しています。

他にも誰もが認める「アニメオタク」の知人は、これから人気が出そうなアニメを発掘。

私設のファンクラブをつくり情報発信してきましたが、作家さんから直接感謝の手紙が届き、やる気は倍増。

今や、「オタクは日本文化の一つ」「オタクが経済を動かす」というテーマで講演や寄稿活動もしています。

こんなふうに、好きを突き詰めたオタクは、本人が楽しいだけでなく社会も必要としている。一定層に熱い需要があるのです。

「オタクはキモい」という時代は終わりました。

「オタクこそお金の源泉」です。

●「オタクこそお金の源泉」である

自分の「特技やスキル」で稼ぐ

自分では特技だと思っていないことでも、「人の役に立つ」ことがあります。**人の役に立つということ、それは売れる可能性がある**ことを意味します。

働き方の多様化が進んでいる今は、**「特技やスキルを売る＝お金を稼ぐ」**ことが、気軽にできるようになりました。

人生100年時代の到来。**人生後半に備えて、複数の収入源を持つことは不可欠**です。

あなたも特技や知識のスキルを活かして、収入アップに繋げましょう。

ここでは、スキルや知識を売ることができる代表的なサービスをご紹介します。どれも友人や知人などが行い、実際に成果を上げている売り方です。

「ココナラ」は、ご存じの方も多いと思います。その特徴は、**販売できるスキルが非常に多い**ことです。

アイコンや似顔絵制作、結婚や恋愛、子育てや健康相談、占いや美容アドバイス、音声・画像・動画編集、WEBサイト制作やデザイン、語学・資格取得など。

あなたの特技に相応しいジャンルがあると思います。

集客の必要がない、サイト内でやり取りが完結する、トラブルがあった場合はココナラが仲介してくれるなど、メリットがありますが、手数料が比較的高い、単価が安いという面もあります。


「BASE」は、**無料でショッピングサイトがつくれる**サービスです。出店店舗は80万を突破。CMに有名人を起用して注目を集めているサービスですね。

お店のカテゴリはファッション、フード、コスメ、エンタメ・ハンドメイドなど。こちらも多岐にわたります。

アドレス、パスワード、ショップURLを入力するだけでショップの開設が可能ですから、敷居が低いと言えるでしょう。

初期費用と月額費用が無料。デザインが簡単。様々な決済方法に対応している。集客もBASEでできる。

リアルにもＢＡＳＥの店舗があり、そこに商品を出品することもできます。

ただしテンプレートの種類が少ない、サポートがメール、Amazonや楽天などの有名ショッピングサイトと比べると集客力が劣る、などのデメリットは否めません。


これらのサービスを利用して副業収入を得ている人には、

「副業の始めの一歩として活用している」

「自分の特技にどれだけ需要があるか、マーケティングの意味で使っている」

という方が多いです。

それでも月に5万円以上得ている、なかには20万円以上コンスタントに得ている人もいます。

いずれにしても、自分の特技やスキルが人の役に立つのが実感できる、縛られず収入になるのが魅力だといいます。

●人の役に立つことは「お金」になる

「お家ビジネス」で、月5万円稼ぐ

自宅で5万円稼ぐ仕事には、ネットを活かしたビジネスのほかに、自宅の空きスペースを活用したレンタル業や料理や写真、英会話等の教室や学習塾、特技を活かしたネイルやエステサロンの経営などがあげられます。

仕事によっては許認可や、一定の資格、設備は必要ですが、人生後半の働き方を視野に入れれば、自分のペースで気軽に収入を得るのに、「お家ビジネス」は相応しいと言えるでしょう。

知人は自宅のリフォームを機に、セミナーや会議にも利用できるスペースをつくり、写真家や書道家の個展や起業家のセミナーに時間単位で貸し出し、月に7万円ほどの収入を得ています。

長年美容業界で働いてきた知り合いは、48歳のときにネイリストの資格を取得。現在は仕事が休みの水曜日と木曜日に、自宅でネイルサロンを開いていますが、口コミで予約は3カ月先まで埋まっているという人気ぶりです。

美容業界で培ったセンスや美容情報、接客ぶりも人気に拍車をかけている様子です。

今は応接間の一角を利用していますが、定年後は一室を改装して開業する予定で準備に余念がありません。

彼女のように、自宅サロンで開業するのはコストの面からも賢明ですね。


貿易商として海外を飛び回ってきたFさんは、53歳で仕事をやめ、長年温めてきた企画「3歳から始める英会話教室」を自宅でオープン。

大人向けには「300単語で話せる英会話教室」や「洋楽をカッコよく歌う教室」というようなユニークな企画を次々に形にして、現在生徒数は70名余りという盛況ぶりです。

「月に5万円も稼げたらいい」と気楽に始めた教室が、今やフランチャイズ化も視野に入れているとのこと。素晴らしいですね。


また最近では、「オンライン講師」として、自宅で稼ぐという方法もあります。Skype

やZoomなどを利用して、生徒とダイレクトに繋がれるサービスが増えたので、自宅に生徒を集めなくても、オンライン上で指導し、収益を上げるということも可能です。

芸術や文化などをレッスンする稼ぎ方もあります。

音楽教室の場合は、ピアノやフルートなど、生徒を指導する際の楽器が必要ですし、自宅で運営するには、防音設備を整えるなど、ある程度の環境投資も必要です。

元々たしなんできた方ならばそのあたりの敷居は低いかもしれませんが、生徒を集めるには、ＰＲ活動は欠かせません。

YouTubeやstand.fmなどの音声ツールで、演奏を聴いてもらったり、体験レッスンを増やしたりして、集客を工夫する必要があります。

対象客がお子さんの場合には、お友だちの紹介で始める場合が多いですから、紹介に対する特典を設けるというのも有益な方法です。ちなみに個人レッスンの相場は、１時間４０００〜５０００円ほどです。

●「お家ビジネス」は人生後半の働き方の結晶

若い人と張り合わない「道楽ビジネス」で稼ぐ

「道楽」と聞いて、あなたはどんなイメージを抱きますか。
「酒色や博打などにふけること」と芳しくない印象を抱く方もいらっしゃるでしょうが、「趣味として楽しむこと」もまた道楽が意味するところです。

20代、30代、40代……他者と競い、少しでも高収入を得ようとがむしゃらに働いてきた人も、50代になる頃には、「勤め人人生には、いずれ終わりが訪れる」と理解して、体力や気力に自信があったとしても、若い人とは戦わない。

これから始まる自分のための人生に思いを馳せて「働き方」を見直し、人生後半に無理なくお金を稼ぐために、**「趣味的要素」**がある**「道楽ビジネス」に目を向ける**ことをお勧めします。

若い人と張り合わないとは、仕事を放棄することではありません。

「若い人には真似できない、年齢を重ねたからこそ活きるビジネスがある」ということに気づいてほしいのです。

「○○蚤の市」（○○はその都度地名や季節が入ります）をレンタルスペースで不定期に開催するＧさんは、元解体業者。主に中古家屋の解体、整地などを行ってきました。

その際、まだ使えるのにゴミとして廃棄される家具や家電、食器や着物、小物などを数多目にしてきました。

物には持ち主の思いが詰まっている。もったいないとは思っても、そこは割り切って仕事をしてきましたが、50歳を迎える頃に「これからは、捨てられる物に命を吹き込もう」「大きく稼がなくてもいいから、社会の役に立つことをしよう」と考えたそうです。

それから許認可を得て、最初は「フリーマーケット」で不要品を販売。品物は仕事仲間や奥さまのネットワークから調達しました。

なんと第1回から完売。売上に応じた報酬を支払うと申し出たのですが「家が片づいて助かったから、いらない」と固辞され、お菓子やお花でお礼。

そこから「○○蚤の市」へと繋がっていきました。今は不要品処分、買取の広告も募っていますが、断るのに困るくらい集まるといいます。

こうした類のビジネスを成功させるには、**「長年培った人脈や人望」**がものを言います。購入する側にすれば、落ち着いたシニアのほうが信頼できる。

売り手にすれば、「趣味の延長線上」「社会貢献の一環」というような余裕があります。過度な営業やサービスをせず、「気に入ったらどうぞ」というスタンス。すると不思議なもので、買いたくなるのです。

若い頃からの趣味である「歌」を極めて、定年後ライブ活動やカラオケ講師をしたりして収入を得ている人や、50歳を前に蕎麦打ちにハマり、「蕎麦打ち職人」になって、イベントやパーティーでの実演に全国各地から声がかかっている人もいます。

「道楽ビジネスだからこそ楽しい」「年齢をとるヒマがない」なんて、笑顔で稼いでいます。

●年齢を重ねた人の究極の働き方が「道楽ビジネス」

「不安・孤独解消ビジネス」は、ますます求められる仕事

「65歳以上の一人暮らし世帯」は、２０１５年（平成27年）は約５９２万人。２０４０年（令和22年）には８９６万人を超えると予想されています（内閣府令和４年版高齢社会白書、第1章第1節高齢化の状況３より）。

定年退職や配偶者との別離などで、社会的な繋がりが途絶えている場合、一人暮らしの場合は、誰かに気づいてもらえる機会が減り、認知症の進行や孤独死の恐れもあります。

それに高齢者を狙った特殊詐欺の被害も後を絶ちませんし、親切を装い高額商品を売りつける強引な商法もあります。

先日、私にも「息子を装った示談金要求電話」がかかってきましたが、そもそも子どもがいない我が身。「下調べが甘いね」と一喝して電話を切りましたが、笑える話ではありませんよね。

もし、もっと高齢で息子を持つ一人暮らしの身の上だとしたら、一瞬、正常な判断ができなかったかもしれません。

寂しさ・不安・孤独が思考を麻痺させる。

「一人暮らしは寂しい」「独居老人に不安はつきもの」と決めつけるわけではありませんが、

増える一方の**「65歳以上の一人暮らし世帯」に思いを馳せたビジネス**がもっとあっていいと思うのです。

大手警備会社の「見守りサービス」や、宅配弁当や食材配達業者が行う「声かけサービス」、僻地に暮らすお年寄り向けにコンビニ各社が移動販売車を巡回させたりとお年寄りのためのサービスは広がりを見せています。

さらに、不安や悩みを打ち明けたり、たわいない世間話をしたり、お洒落をして出かけたいときに、ファッションやメイクのアドバイスをしてくれる、その人の体力に応じた運動メニューを教えてくれる、といったサービスは、ますます需要が多くなると思われます。

もちろん個人情報保護の観点から思うように進まない分野もあると思いますが、**「不安・孤独解消」が、これからのビジネスの肝になる。**永遠に尽きない「ビジネステーマ」になると信じて疑いません。

ご近所づきあいが普通にあった昭和、希薄になってきた平成、個人情報を重んじるあまりに人との距離ができてしまった令和。

これからはその距離がますます広がり、孤独や不安に苛まれても、誰とも一日中話さず終わる人。夫に先立たれ、子どもがいない。一人っ子で育ち、両親は他界。親戚づきあいもない。あるいは生涯独身という方も増えています。

面倒な人間関係につきあわされるくらいならば、「一人は気楽でいい」と言う人も、一抹の寂しさや不安に苛まれたとき、「孤独解消」ビジネスを求めるのではないでしょうか。

そしてその担い手になるのが、自身も同じ思いを共有できるシニアです。

●「不安・孤独解消ビジネス」の需要は尽きない

感謝の念で使うお金は「生き金」

お金を支払うとき、あなたはどんな思いを抱きますか。

日用品や欲しかった品では、「必要かつ大切」という思いが去来するでしょうが、「納税は国民の義務」とはわかっているけれど、税金はできれば払いたくないと思うのも人情でしょう。

D氏は「節税対策」と称して大胆な策を長年講じてきましたが、3年ほど前に「脱税」と判断され、追徴金を含めて1億円余りの納付を命じる判決が下りました。

かねてから「それはまずいよ、やめよう」「あなたへの信用が失墜するから」と念を押していたのですが、残念で仕方がありません。


住民税・固定資産税・自動車税・消費税・事業税等、数多の税金がありますよね。

私は、その場では特別払う意識を抱かない税金だとしても、

「豊かな環境で住めるのは税金のおかげ」

「(自分も含めて)きちんと納めている方のおかげ」

「ありがたいなあ」

と感謝の念を抱きます。


友人のLさんは欲しかった商品を購入する際には、現金でもカード払いでも「大切にします。ありがとうございます」と、**感謝の念でお金を使う**といいます。

価格や種類を問わず、そうやって手に入れた物は誰しも大切にするでしょう。

出番が多く、暮らしに欠かせない物になっているはずです。

逆を言えば、感謝の念を抱く暇もなく購入した物は、乗りや勢いで手にした「衝動買い」に終わる確率が高く、存在そのものを忘れることさえありえます。

それは、お金をドブに捨てるようなものですよね。

働けば働いただけ収入に反映される若いときならば、衝動買いをしたところで、痛手が小さいかもしれませんが、収入の道が細くなる人生後半にそんなスタンスでいたら、「老後破産」の憂き目に遭うかもしれません。

これからの人生に必要かどうか？
これからの人生を豊かにする物かどうか？

これからはそういう視点で、お金を使いましょう。

日用品や食品なども「役に立つ」「健康によくて美味しい」「心地がいい」など、心身が

喜ぶものを基準にセレクトする。

そうやって**吟味した物に払うのは「生き金」**です。あなたの人生を彩り豊かにする、素晴らしいものとの出会いです。

●「これからの人生を豊かにするか」の視点でお金を使う

コラム⑤ お金を介さない「物々交換」という働き方

貨幣が流通する前は、物々交換や労働力の貸し借りをして私たちは暮らしを営んできました。その原点に戻るような動きが、イギリスやアメリカで起こっています。

それが「**フード・スワップ**」と「**タイムバンク**」です。

自家製の食品を物々交換する「フード・スワップ」では、ネットワークに参加している人たちは、ホームメイドのパンやジャム、ケーキ、ピクルス、自分の畑で収穫した野菜や果物といった食品を直接交換することが可能です。

じつはフード・スワップに似た動きは、私の周囲でも始まっています。

手づくり食品ではなく、不要な食品を交換するスタイルです。

試験的に続けるうちに、食品と料理づくりや水回りの掃除と病院への送迎など、種類が異なる物やサービスを交換したいというニーズが生まれました。

同じ1時間の労力ならば、お金のやり取りをせずに、相互でスキル交換するという取り組み（タイムバンク）も始まっています。

老後の生活設計がままならない高齢者が増えているのが今の日本です。

現金を介さず、経験やスキルを必要とする物やサービスと交換できるフード・スワップやタイムバンクといった仕組みは、お裾分け文化や町内会制度がある日本にこそピッタリではないかと思うのです、

子育て経験豊富な妙齢のご婦人が、シングルマザーの子どもを預かる代わりに、買い出しの手伝いをしてもらう。

「料理上手なベテラン主婦」が、共働きで料理に手間をかけられない家庭の1週間のつくり置き料理を担当。代わりに年末の大掃除をしてもらう。

そういう仕組みならば、年配者の知恵が若い方の役に立ち、互いを尊重することができるでしょう。

地域の人が顔を合わせるタイムバンクならば、地震や津波、台風など自然災害が起こっ

たときも、「人的インフラ」として十分機能します。


「自分には誇れるスキルがない」

「自分には何の取り柄もない」

それは誤解です。


「子育てに悩んでいた新米ママさん」の「相談に乗る活動」をしていた知人は57歳。今や地元では「子育て職人」と呼ぶ人もいる、唯一無二の頼りになる存在になりました。

彼女の場合、足腰が悪いので、「子育て相談」の対価は、「庭木の剪定」や「水回りの掃除」などをお願いしているそうです。


日本ではまだ馴染みが薄いフード・スワップやタイムバンクですが、スタイルや名称は違うでしょうが、少しずつ広まっていくでしょう。

いくつになっても誰かの役に立つのは、嬉しい、誇りですよね。

そしてフード・スワップやタイムバンクを通じて、「自分を知る人が地元に増えるのは、病気や災害、不慮の事態でも心強い」のではないでしょうか。

●お金を介さないビジネスも視野に入れる

おわりに

最後までお読みいただき、ありがとうございました。

「55歳」から必要とされるのは、「これまでを見直し、これからどう生きるかを真剣に考え、実行する」ことです。

その要となるのが「お金とのつきあい方」。

「お金の性格を知る・賢く使う・働き方を知る」です。

この3つの柱がしっかりしていれば、60代、70代、80代……何歳になっても「お金の不安」に苛まれることなく、人生を謳歌できます。

会社や組織が優先だった人も、これからは自分が主役の人生。

ですから、「もう年齢(とし)だから」とか、「今さら無理」なんて決めつけず、心から望む「やりたいこと」を追求してください。

そのために必要となるのが「お金」。

ただしお金とは、「現金や不動産、株等」だけでなく、健康や信頼できる人、特技なども立派な「資産」です。

そう考えると、あなたには想像以上の資産があると気づくでしょう。

それら資産を賢く活かす術を本書には網羅しました。

実践していただければ「年齢を重ねることが、楽しくて仕方がない」と受け止めることができます。

「老（おい）」を「朗（ほがらか）」に変換する方も生まれるのではないでしょうか。

本書を通じて、そういう方が増えることを信じています。

さあ、「自分が主役の人生」をまっとうしましょう。

あなたの生涯の友に、本書がなることを願っています。

臼井由妃

臼井由妃（うすいゆき）

東京生まれ。

著述家、講演家、行政書士、宅建士、栄養士、熱海市観光宣伝大使。

33歳で結婚直後、ガンで余命半年と宣告された夫を支えながら、独自の発想法と行動力でヒット商品を次々に開発、通販業界で成功を収める。

当時多額の負債を抱えていた会社を年商23億円の優良企業へと導き、その手法は各種メディアで紹介され話題となり、テレビ番組『マネーの虎』に出演、「銀座の女社長」としてマスコミに注目される。

経営者・講演家・作家として活躍する傍ら、行政書士・宅建士など資格を短期一発取得。その実践的な勉強法や仕事術、知識の広さには定評がある。

著書に『55歳からやりたいことを全部やる！時間術』『やりたいことを全部やる！時間術』（以上、日経ビジネス人文庫）、『できる人はなぜ、本屋さんで待ち合わせをするのか？』（三笠書房）、『資格を稼ぎに変える最高の勉強法』（明日香出版社）など多数。

著書累計は170万部を突破。ビジネス書から健康書、自己啓発書、女性の生き方まで、幅広い分野で執筆中。

臼井由妃公式ホームページ
https://www.usuiyuki.com

企画・編集協力／遠藤励起

アルソス新書101

55歳から「お金の不安」がなくなる生活術

2024年2月26日　第1刷発行

著　者　臼井由妃
発行者　林 定昭
発行所　アルソス株式会社
〒203-0013　東京都東久留米市新川町2丁目8-16
Tel: 042-420-5812（代表）
https://alsos.co.jp
印刷所　株式会社 光邦

デザイン　森 裕昌（森デザイン室）

ISBN 978-4-910512-12-9　C1234

アルソス新書

201
幸せになる家　不幸になる家
昆　佑賢

数々の事故物件・訳あり物件を建築医学に基づき、幸せの家に変えてきた不動産のプロが教える、人生を好転させる物件選びとリフォームの仕方。

978-4-910512-13-6

501
えっ、ほんと？　英語で脳が若返る！ 70歳からのやり直し英会話
中島孝志

英語はゼッタイ勉強するな！　いままで勉強してきて脳に記憶している英語の知識を引き出すだけ。お金も時間もかけずに英語がしゃべれます。

978-4-910512-10-5

701
昭和歌謡ものがたり
松井信幸

名曲誕生に隠された58のストーリー。一度聴いたら忘れられないメロディと歌詞。昭和・平成世代をはじめ、令和の各世代にも心惹かれる昭和歌謡のなぞを解く。

978-4-910512-06-8